Länder und Völker

Vorderasien

Länder und Völker

Vorderasien

Türkei
Syrien
Libanon
Israel
Jordanien
Saudi-Arabien
Jemen
Irak
Golfstaaten
Iran

Verlag Das Beste Stuttgart · Zürich · Wien

Länder und Völker

Vorderasien

Texte und Bilder dieses Bandes basieren auf dem Serienwerk BEAUTÉS DU MONDE, verlegt bei Larousse, Paris, und erstellt von der Redaktion Larousse.

Freie Mitarbeiter

Übersetzung und Bearbeitung:
Dr. Peter Göbel
Fachberatung: Dr. Helga Anschütz,
Dr. Boulos Harb, Eberhard Riech

Entwicklung Sachbuchprogramme

Redaktionsdirektor: Ludwig R. Harms
Senior Editor: Georg Kessler
Redaktion: Sigrid Blank,
Dirk Katzschmann

Produktgrafik

Art Director: Werner Kustermann
Art Editor: Rudi K. F. Schmidt
Einbandgestaltung: Rolf Bez

Materialwirtschaft

Direktor Materialwirtschaft:
Joachim Forster
Leitung Produktion Bücher:
Alfred Wohlfart
Herstellung: Hans-Peter Ullmann

Redaktionsschluß: 15. 1. 1993

Die Wiedergabe arabischer und persischer Bezeichnungen und Eigennamen folgt bis auf im Deutschen fest eingebürgerte Begriffe und lexikalische Einträge den jeweiligen landesüblichen Umschriften (nicht selten existieren jedoch innerhalb eines Staates mehrere Transkriptionen für ein und denselben Begriff). Länderübergreifende Uneinheitlichkeiten in der Umschrift wurden bewußt in Kauf genommen.

Printed in Italy
ISBN 3 87070 359 8

Inhalt

▲ *Ein verlassenes Kastell wacht über die Ruinenstadt Palmyra in Syrien.*

▲ *Türkische Folklore: anatolische Männer beim Säbeltanz*

▼ *Die Nomaden Vorderasiens ziehen ihre Zelte festen Häusern vor.*

Einleitung

Viele Länder der Erde haben noch heute die Erblasten zu tragen, die ihnen von den europäischen Kolonialmächten aufgebürdet wurden. Als erbitterte Konkurrenten konnten sich letztere weder auf bestimmte, allgemein verbindliche Namen ihrer Herrschaftsgebiete noch auf sinnvolle Grenzen zwischen ihnen einigen. Aus diesem Grund existieren häufig für ein und dieselbe Region der Erde mehrere Bezeichnungen und dauern die Grenzkonflikte zwischen den mittlerweile unabhängigen Staaten der dritten Welt bis zum heutigen Tag an. Der südwestliche Randsaum Asiens ist dafür ein geradezu klassisches Beispiel. Die Landkarten im Anhang *Karten, Fakten, Zahlen* zeigen die meist schnurgeraden Staatsgrenzen in diesem Raum. Sie wurden buchstäblich am grünen Tisch gezogen, ohne daß die Landesnatur, das in Jahrtausenden gewachsene wirtschaftliche und soziale Gefüge und die traditionellen kulturellen Verflechtungen der Einwohner berücksichtigt wurden.

Im Vergleich mit diesen Hinterlassenschaften aus der Kolonialzeit, an denen sich immer wieder neue Konflikte entzünden, ist die Klärung der korrekten geographischen Bezeichnung und kontinentalen Zuweisung ein harmloses akademisches Problem. Der alte Gelehrtenstreit, ob die Länder zwischen dem Mittelmeer, dem Schwarzen Meer, dem Roten Meer, dem Kaspischen Meer und dem Arabischen Meer nun zum Nahen Osten oder aber zum Mittleren Osten gehören, soll hier nicht neu entfacht werden. Wir folgen dem Beispiel deutscher Geographen und bezeichnen diesen Teil Asiens als Vorderasien. Die Staatengemeinschaft Vorderasiens umfaßt 14 kleine und große Staaten mit insgesamt rund 188 Mio. Einwohnern und einer Fläche von über 6 Mio. km^2: die Türkei, Syrien, den Libanon, Israel, Jordanien, Saudi-Arabien, den seit 1990 nach langer Trennung wiedervereinigten Jemen, den Irak, die Golfstaaten (Kuwait, Bahrain, Katar, Vereinigte Arabische Emirate, Oman) und den Iran.

Vorderasien ist noch immer einer der gefährlichsten Krisenherde der Welt, auch wenn nach 15 Jahren Bürgerkrieg im Libanon Ende 1990 die letzten christlichen Milizen aus Beirut abgezogen sind und sich die Israelis und Araber etwa ein Jahr später erstmals zu offiziellen Friedensgesprächen trafen. An anderen Stellen der Krisenregion flammten die alten Konflikte dafür um so heftiger auf. Der Irak zettelte nach dem verlustreichen Krieg mit dem Iran innerhalb weniger Jahre nun schon den zweiten Golfkrieg an, in Anatolien toben erbitterte Kämpfe zwischen kurdischen

▲ *Die Altstadt Jerusalems; auf dem Tempelberg erhebt sich der Felsendom mit seiner mächtigen, vergoldeten Kuppel.*

Rebellen und der türkischen Armee, und im Süden der Arabischen Halbinsel schwelt ein Grenzkonflikt zwischen Saudi-Arabien und dem Jemen. Es kann nicht Aufgabe des vorliegenden Bandes sein, all die politischen und konfessionellen Probleme der Staaten Vorderasiens in den Mittelpunkt der Darstellung zu rücken. Die Gegensätze, die in diesen Konflikten aufbrechen, können in ihrer historischen Entwicklung und aktuellen Zuspitzung oftmals nur gestreift werden. Anliegen des Buches ist es vielmehr, über das Trennende hinaus auch Gemeinsamkeiten aufzuzeigen und vor allem das bedeutende kulturelle Erbe dieser Länder näher zu beleuchten.

▼ *Zu einem libanesischen Mahl gehört oft Arrak, ein Anisschnaps.*

▲ *Istanbul: Blick auf die Europabrücke*

▲ *Auf schroffen Felsklippen: ein Dorf im Jemen*

▼ *Stempelbedruckte Stoffe – eine Spezialität des iranischen Kunstgewerbes*

Zu den verbindenden Elementen der Länder Vorderasiens gehört z. B. ihre Landesnatur: Sie liegen alle im Bereich des breiten Trockengürtels, der sich von West nach Ost durch die Alte Welt zieht. Von einigen Küstenlandschaften und Regionen wie der des sogenannten Fruchtbaren Halbmonds abgesehen, leidet ganz Vorderasien unter extremem Wassermangel. Wüsten, Halbwüsten und Steppen nehmen rund neun Zehntel seiner Fläche ein, und intensiver Acker- und Gartenbau ist nur in Flußoasen oder mit Hilfe künstlicher Bewässerung möglich.

Von der Natur wurde das südwestliche Asien also nicht gerade verschwenderisch ausgestattet – bis auf eine wichtige Ausnahme: Erdöl. Vorderasien gilt als die erdölreichste Region unseres Planeten. Die kräftig sprudelnden Ölquellen bescheren den Ländern zwar einen unvorstellbaren Reichtum, aber nicht unbedingt auch politische Unabhängigkeit – eher das Gegenteil ist der Fall, denn die auf Energierohstoffe angewiesenen Industriestaaten versuchen seit je, die politische Entwicklung in Vorderasien in ihrem Sinne zu steuern.

Dank des Fruchtbaren Halbmonds, eines schmalen, sichelförmigen Landstreifens, der sich von Jordanien und Israel über den Libanon, Syrien, die südöstliche Türkei und den Irak bis an die Küsten des Persischen Golfs zieht, keimten, wuchsen und reiften in Vorderasien die ersten Hochkulturen der Erde, ging von dort vor etwa 10000 Jahren die Revolution aus, die das Gesicht der Erde seither grundlegend verändert hat. Vorderasien gilt als das Ursprungsgebiet des Getreideanbaus und der Haustierzucht; hier entdeckte der Mensch die Metalle als Werkstoffe, in den Stromoasen an Euphrat und Tigris entwickelten sich von der Schrift und Literatur über die Malerei und Architektur bis hin zur Wissenschaft und Technik nahezu alle die menschlichen Kunstfertigkeiten, die heute unter dem Oberbegriff „Kultur" zusammengefaßt werden. Nicht zuletzt ist Vorderasien auch die Wiege der drei großen Weltreligionen Judentum, Christentum und Islam.

Der Islam, die jüngste der drei Religionen, hat sich seit dem 7. Jh. n. Chr. über ganz Vorderasien und bis weit in die benachbarten Erdteile hinein ausgebreitet. Seine Anziehungskraft ist nach wie vor ungebrochen, ja von ihm scheint seit den Tagen der schiitischen Revolution im Iran eine neue Faszination auszugehen; Christen und Juden sind mit Ausnahme von Israel überall nur Minderheiten. Zwar wird die Lehre des Propheten Mohammed von den Anhängern verschieden ausgelegt und birgt somit auch Zündstoff für Konflikte, sie bildet aber trotzdem eine starke Klammer zwischen den Ländern Vorderasiens.

Die Redaktion

▲ *Istanbul: Hinter dem Dunstschleier, der über dem Goldenen Horn liegt, taucht die Silhouette der Süleymaniye Camii auf.*

Türkei

Seit den Reformen Kemal Atatürks (1881–1938) sieht sich die Türkei als modernes europäisches Land, doch heute werden wieder Stimmen laut, die eine Rückkehr in den Kreis der islamischen Staaten fordern.

DAS Land an der Nahtstelle zwischen Orient und Okzident blickt auf eine lange, bewegte Vergangenheit zurück. Nahezu jede Epoche der Weltgeschichte hat in diesem Teil Vorderasiens, der seit der Antike auch Kleinasien genannt wird, eindrucksvolle Spuren hinterlassen. Hethiter, Phryger, Lyder, Perser, Griechen, Römer und Byzantiner gründeten hier große Reiche. Die ersten türkischen Völker wanderten seit dem 8. Jh. n. Chr. aus den Steppen Zentralasiens nach Anatolien ein. Das Osmanische Reich schließlich, das der heutigen Türkei unmittelbar vorausging, wurde an der Wende vom 13. zum 14. Jh. von Osman I. gegründet und dehnte sich in seiner Glanzzeit während des 16./17. Jh. über ein Gebiet von über 5 Mio. km² aus.

Das Klischee, daß die Türkei mit einem Fuß in Europa und dem andern in Asien stehe, ist nicht ganz zutreffend. Die Türkei steht allenfalls mit einem großen Zeh auf europäischem Boden, denn ihr asiatischer Landesteil ist über 30mal größer als der europäische. Doch die Meeresstraße der Dardanellen, das Marmarameer und der Bosporus, die Thrakien, den knapp 24 000 km² großen europäischen Teil der Türkei, vom übrigen Staatsgebiet abtrennen, stellen ohnehin nur geographische Einschnitte dar, denn Land und Leute sind an beiden Ufern die gleichen. Die kulturelle Grenze zwischen der Türkei als Teil des islamischen Vorderasien und dem christlichen Abendland deckt sich dagegen heute vielmehr weitgehend mit den Landesgrenzen zu Bulgarien und Griechen-

▲ *Die Selimiye Camii in Edirne – dem früheren Adrianopel – mit ihren vier nadelspitzen Minaretten gehört zu den Meisterwerken des berühmten türkischen Baumeisters Mimar Sinan.*

land. Der Besucher aus Europa, der die Maritza (Meriç) überquert – den Grenzfluß zwischen Griechenland und der Türkei –, betritt am östlichen Ufer einen anderen Kulturerdteil, in dem traditionelle und moderne Denkmuster miteinander versöhnt werden müssen.

Die türkische Regierung sucht heute politisch und wirtschaftlich Anschluß an die Europäische Gemeinschaft. Jedoch wurde das erste Beitrittsgesuch von der EG-Kommission abgelehnt. Nicht nur die wirtschaftlichen Probleme wie die hohe Inflation, Arbeitslosigkeit und Staatsverschuldung waren für den negativen Bescheid maßgebend, sondern auch der an die türkischen Sicherheitskräfte gerichtete Vorwurf der Menschenrechtsverletzung.

Thrakien

Thrakien bildet eine Halbinsel, die sich vom Bosporus aus fächerförmig nach Westen hin öffnet. Sie wird von zwei Gebirgen gesäumt: im Nordosten vom etwa 1000 m hohen Istrancagebirge, das parallel zur Küste des Schwarzen Meers verläuft und im Kern aus Granit besteht, im Süden vom fast ebenso hohen Tekirgebirge, das das Marmarameer flankiert und sich in der langgezogenen Halbinsel von Gelibolu (Gallipoli) fortsetzt.

Vom geologischen Aufbau her sind das Istranca- und das Tekirgebirge eng mit den Gebirgszügen der südosteuropäischen Länder verwandt. Beide Gebirge umschließen ein Tiefland im Innern der Halbinsel, das durch die Maritza und deren Nebenfluß Ergene entwässert wird. Das sumpfige Mündungsgebiet der beiden Flüsse war früher malariaverseucht und ist auch heute praktisch noch unbesiedelt.

Während für den Geographen die Halbinsel Gelibolu durch eine Landenge mit dem Tekirgebirge verbunden und somit ein Teil Europas ist, beginnt für den Geologen hier bereits Asien, denn die tertiären Gesteine, aus denen die Halbinsel aufgebaut ist, lassen sich Schicht für Schicht auch am asiatischen Ufer der Dardanellen wiederfinden. Die an der schmalsten Stelle nur etwa 1 km breite Meerenge, der griechische *Hellespont,* war ursprünglich ein Flußtal, das in der Nacheiszeit vom Meer überflutet wurde.

Edirne

Die alte Metropole Thrakiens

Die erste größere Stadt jenseits der Grenze ist Edirne, das ehemalige Hadrianopolis (Adrianopel). Trotz seiner grenznahen Lage ist Edirne das wirtschaftliche, historische und geistige Zentrum Thrakiens und mit rund 90 000 Einwohnern nach Istanbul zugleich auch die zweitgrößte Stadt der europäischen Türkei. Eilige Touristen, die auf der Fernstraße durch Edirne kommen, nehmen meist nur den flüchtigen Eindruck einer verschlafenen Provinzstadt mit, die allenfalls an den Markttagen zum Leben erwachen mag. Wie in den griechischen Städten am Ufer der Maritza säumen alte Holzhäuser die engen, winkligen Gassen, und der würzige Duft von gebratenem Hammelfleisch dringt aus kleinen Restaurants. Seitdem Kemal Atatürk den türkischen Bauern verboten hat, den *Fes* zu tragen („Hutreform"), sind die Männer wie überall in Europa gekleidet.

Auf den ersten Blick wirkt die in einer fruchtbaren Ebene gelegene Stadt wie eine zufällige Ansammlung von Häusergruppen, die durch Obstgärten und Pappel- oder Zypressenreihen voneinander getrennt sind. Doch die vielen Kuppeln und Minarette, die über die Dächer der Altstadt in den Himmel ragen, zeugen von der Größe der Stadt in der Vergangenheit. In der Tat war Edirne fast ein Jahrhundert lang Hauptstadt des Osmanischen Reichs, verlor aber nach dessen Niedergang zusehends an Bedeutung. Die Einwohnerzahl schrumpfte auf etwa ein Viertel, und erst in den letzten Jahrzehnten füllte sich die Stadt wieder nach und nach mit neuem Leben.

Die Saraçlar Caddesi, in der sich kleine Restaurants an die im 2. Jh. n. Chr. erbauten Stadtmauern schmiegen, ist die touristische Schlagader der thrakischen Metropole. Der römische Kaiser Hadrian, der Namengeber der Stadt, ließ sie um 125 n. Chr. in einer Flußschlinge der Tunca errichten, die wenige Kilometer flußabwärts in die Maritza mündet. Von dem alten Mauerring blieb leider nur wenig erhalten: der Uhrturm an der nordöstlichen Ecke und ein Teil der Stadtmauern an der Nordseite. Durch seine strategisch wichtige Lage im Grenzraum zwischen Europa und Asien war Edirne im Lauf der Geschichte mehrfach Schauplatz entscheidender Schlachten. So besiegte Konstantin der Große am Fuß der Mauern seinen Gegenspieler Licinius, das Heer Kaiser Valens' wurde hier im Jahr 378 von den Goten geschlagen, und zu Beginn des 13. Jh. nahmen die Bulgaren den lateinischen Kaiser Balduin nach einer schweren Niederlage bei Adrianopel gefangen.

Vor den im Jahr 1912 im Ersten Balkankrieg letztmals umkämpften Mauern zieht sich der Basar Ali Paşa Carşişi als eine 150 m lange, überwölbte Marktstraße entlang. Wie alle orientalischen Basare ist auch er ein einziges sinnliches Erlebnis aus Farben, Gerüchen und Geräuschen. Zwischen dem Kule Kapısı (Turmtor) und dem Fischmarkt reihen sich in winzigen Läden Pyramiden aus Wassermelonen, Stapel von Teppichen und bunten Stoffen, Säcke mit Nüssen und Trockenfrüchten aneinander. Der Handel hat in Edirne eine lange Tradition. Nachdem Sultan Murad I. Adrianopel im Jahr 1361 erobert und danach zur ständigen Residenz der Sultane erhoben hatte, ließen sich zahlreiche Kaufleute an dem alten Brückenort zwischen Europa und Asien nieder. Nach der Eroberung Konstantinopels im Jahr 1453 verlegten die Sultane jedoch ihre Residenz in die Metropole am Bosporus.

Das Bild der Stadt wird von der 42 m hohen, mächtigen Kuppel und den vier schlanken Minaretten der Selimiye Camii (Moschee Selims) beherrscht. Außer diesem

▶ *Blick in die Selimiye Camii: Die Gläubigen wenden sich beim Gebet dem* Mihrab *zu, der Gebetsnische, die in Richtung der heiligen Stadt Mekka zeigt; die kunstvoll verzierte Treppe führt zur Kanzel der Moschee.*

▲ *Türkische Ringer beim Kırkpınar-Festival; vor dem Kampf schmieren sie ihre Körper mit Öl ein, damit der Gegner keinen festen Griff anbringen kann.*

letzten Meisterwerk des „Michelangelo der Osmanen", wie der berühmte Architekt Mimar Sinan genannt wird, gibt es in der „Stadt der 100 Moscheen" weitere sehenswerte islamische Gotteshäuser, darunter die Üç Şerefeli Camii (Mitte des 15. Jh.) und die großartige Beyazıt Camii, die 1488 vollendet wurde. Erstgenannte Moschee hat ihren Namen von den drei (Üç) Galerien (Şerefeli) eines ihrer vier Minarette, letztere wurde nach Sultan Bajasid (Beyazıt) II. benannt. Beide gehören neben der Selimiye Camii zu den Prunkstücken osmanischer Architektur.

Eine Besichtigung von Edirne wäre ohne einen Abstecher zur Insel Sarayıçı unvollständig. Auf der von zwei Armen der Tunca umschlossenen Flußinsel befindet sich eine Arena, in der jährlich das Kırkpınar-Festival, die städtischen Ringerwettkämpfe, ausgetragen wird. Die starken Männer treten barfüßig, mit nacktem Oberkörper und bloß mit einer Lederhose bekleidet zum Kampf an. Zuvor haben sie Körper und Hose sorgfältig mit Olivenöl eingeschmiert, damit die Gegner keinen festen Griff anbringen können. Die Wettkampfregeln, denen zufolge man den Gegner „nur" auf den Rücken zu werfen und beide Schultern an den Erdboden zu drücken braucht, klingen einfach, werden jedoch durch die eingeölten Körper nicht unerheblich erschwert.

Zwischen Maritza und Bosporus

Auge in Auge mit Asien

Über die Schönheit und den Charakter der thrakischen Landschaft gehen die Meinungen auseinander. Manche Reiseführer lassen es mit dem Hinweis „landschaftlich eintönig und touristisch uninteressant" bewenden, andere wiederum preisen Thrakien als eine „großartige Region, voller Melancholie". Wie dem auch sei, die baumlosen Landstriche Thrakiens geben jedenfalls einen ersten Vorgeschmack auf die Steppenregionen des Anatolischen Hochlandes. Das leicht gewellte, hügelige Land, in dem Sonnenblumen-, Tabak- und Weizenfelder das Bild bestimmen, dient hauptsächlich der landwirtschaftlichen Nutzung und Viehzucht.

Zu beiden Seiten des Flusses Ergene kann man Dutzende von Grabhügeln finden, die nach Ansicht von Archäologen aus der Bronzezeit stammen. Sie erinnern an die ersten großen Einwanderungswellen aus Asien im 2. Jt. v. Chr. Die Thraker, ein indogermanisches Volk, das zu jener Zeit auf der Balkanhalbinsel und in Kleinasien lebte, gaben ihren Verstorbenen, sofern es sich um hochgestellte Personen handelte, wertvolle Goldschätze mit auf den letzten Weg. Kein Wunder also, daß dieser Goldreichtum auch die Nachbarvölker, allen voran die Griechen und die Makedonen, anzog. Seit dem 7. Jh. v. Chr. gründeten griechische Kaufleute Kolonien an den Küsten Thrakiens, darunter das Hafenstädtchen Midye am Schwarzen Meer, in dem ein merkwürdiges Felsenheiligtum erhalten geblieben ist. An der Wende des 6. zum 5. Jh. drangen die Heere des Perserkönigs Darius I. bis weit über den Bosporus hinaus nach Westen vor und gliederten Thrakien dem persischen Weltreich ein. Den Persern folgten die Makedonen, die Griechen und schließlich die Römer, die ihrem Reich das Land der Thraker im 1. Jh. n. Chr. als Provinz einverleibten. Aus römischer Zeit stammt eine verfallene Brücke bei der Stadt Çorlu, über die die *Via Egnatia,* die römische Heer- und Handelsstraße, die die Hafenstädte am Adriatischen Meer mit dem Bosporus verband, führte. Die byzantinischen Herrscher siedelten im strategisch wichtigen Ostthrakien zwischen der Donau und dem Bosporus slawische Stämme an, um das Gebiet endgültig dem Abendland anzugliedern. Nachdem die Türken 1354 einen Brückenkopf am europäischen Ufer der Dardanellen erkämpft hatten, fiel Thrakien allerdings wieder in die Hand asiatischer Völker. Sie benutzten die Halbinsel als Aufmarschgebiet und Adrianopel als Kommandozentrale für den letzten entscheidenden Schlag gegen Konstantino-

▶ *Das malerische „Dorf der Albaner", ein Viertel Istanbuls am europäischen Ufer des Bosporus, in dem noch ein paar alte türkische Holzhäuser erhalten sind*

▲ *Von einem der Minarette der Blauen Moschee (Sultan Ahmad Camii) in Istanbul reicht der Blick über das Marmarameer bis hinüber zu den Prinzeninseln. Der kleine Archipel war früher ein Verbannungsort für Fürsten, die bei den byzantinischen Kaisern in Ungnade gefallen waren.*

pel. Als die Hauptstadt des Byzantinischen Reichs am 29. Mai 1453 erobert worden war, verlegten die osmanischen Sultane ihre Residenz nach Istanbul. Adrianopel verfiel im Anschluß daran zu einer schläfrigen Provinzstadt, die erst 400 Jahre später, während der Kämpfe gegen die Russen und Bulgaren, wieder ins Licht der Weltöffentlichkeit rückte.

Istanbul

Weltstadt am Goldenen Horn

„Istanbul ist der Nabel der Welt" – jeder seiner Einwohner wird dies voller Inbrunst behaupten. Die uralte Stadt an der Nahtstelle zwischen Morgenland und Abendland ist auf jeden Fall eine waschechte Weltstadt, Metropole des Mittelmeerraums und gleichzeitig die einzige Stadt der Welt, die auf zwei Erdteilen liegt. Der weitgereiste Alexander von Humboldt zählte Istanbul neben Rio de Janeiro und Neapel zu den drei schönsten Städten der Erde.

Einer antiken Legende zufolge soll der Grieche Byzas aus der Stadt Megara das Orakel von Delphi gefragt haben, wo er die Sied-

▲ *Von der türkischen Tracht der Verkäuferin sollte man sich nicht täuschen lassen: Nicht alles, was sie verkauft, muß tatsächlich „Made in Turkey" sein.*

lung gründen solle, die heute einschließlich ihrer Vororte mit 8,5 Mio. Einwohnern die größte Stadt der Türkei ist. Istanbul liegt am südlichen Ende des Bosporus, der Wasserstraße, die das Mittelmeer über das Marmarameer mit dem Schwarzen Meer verbindet. Byzanz/Konstantinopel/Istanbul wurde auf einer Halbinsel errichtet, die sich zwischen das Marmarameer und eine hornförmig gekrümmte Bucht schiebt. Die 7 km lange und bis zu 40 m tiefe Bucht heißt seit Urzeiten Goldenes Horn – wegen ihrer geographischen Form, ihrer wirtschaftlichen Schlüssellage und des goldenen Glanzes der Meeresoberfläche bei tiefstehender Sonne. Seeleute schätzen das Goldene Horn als einen der besten Naturhäfen der Welt. Istanbul ist heute der weitaus wichtigste Industriestandort der Republik: sein Hafen bewältigt 60% des türkischen Außenhandels, und der Anteil der Stadt an der Industrieproduktion beläuft sich auf etwa 30%.

Die Keimzelle der Metropole lag in der Umgebung des Topkapı Sarayı, der großen Palastanlage der osmanischen Herrscher. Von dort dehnte sich die Stadt zunächst auf das nördliche Gegenufer des Goldenen Horns aus und dann bis hinüber auf die asiatische Seite des Bosporus. Die einzigartige Lage Istanbuls erklärt das stetige Wachstum und die erstaunliche Attraktivität der Stadt, von der seit mehr als zwei Jahrtausenden Herrschernaturen und Kaufleute angezogen werden. In Istanbul treffen zwei Welten aufeinander: Europa und Asien, die sich im Lauf der Geschichte manchmal als Gegner, häufig aber auch als Partner gegenüberstanden. Die Rolle als Schildwache am Bosporus spielt Istanbul auch nach Ende des kalten Krieges, denn für die Schwarzmeerflotte der GUS-Staaten stellt die Meeresstraße die einzige Verbindung zum Mittelmeer dar. Den Verlust ihrer politischen Stellung als türkische Hauptstadt im Jahr 1923 hat die Metropole mühelos verkraftet, weil sie nach wie vor das wirtschaftliche, kulturelle und religiöse Zentrum der modernen Türkei ist.

Dem Besucher präsentiert sich Istanbul nicht als große, in sich geschlossene Stadt, sondern als ein Wirrwarr von vielen ineinander verschachtelten Städten und Stadtteilen, die alle Schritt für Schritt für sich entdeckt werden wollen. Drei historisch gewachsene Kerne erkennt man schon auf einem guten Stadtplan: Stambul oder Alt-Istanbul auf der Halbinsel zwischen dem Goldenen Horn und dem Marmarameer gelegen – die Stadt der Moscheen, Paläste und großen Basare; die Galatabrücke verbindet Stambul über das Goldene Horn hinweg mit dem Finanz- und Geschäftszentrum Galata sowie der ehemaligen Fremdenstadt Beyoğlu; das Zentrum der Vorstädte bildet schließlich Üsküdar auf dem asiatischen Ufer des Bosporus.

Als ehemalige Hauptstadt eines Reichs, das sich einst vom Persischen Golf bis zu den Karpaten erstreckte, beherbergt Istanbul neben den Türken so verschiedenartige Völker wie Armenier, Kurden, Griechen, Levantiner und Juden. Dieses brisante Völkergemisch, das sonst in Vorderasien immer wieder für Unruhe sorgt, lebt am Bosporus relativ einträchtig nebeneinander, denn jede ethnische und religiöse Gruppe hat sich in ein bestimmtes Stadtviertel zurückgezogen: die Libanesen in die Nähe des Hafens, nach Galata, die Armenier und Griechen nach Beyoğlu und die kleinen Händler jeglicher Nationalität nach Stambul.

Die Hauptverkehrsader von Beyoğlu, die Istiklâl Caddesi, beginnt am Taksim Meydanı und spaltet sich dann in zwei Straßen, von denen die eine zur Atatürkbrücke und über den Atatürk Bulvarı zum westlichen Stadtrand von Stambul führt, während die andere das Goldene Horn auf der im Jahr 1992 eingeweihten „neuen" Galatabrücke überquert und im Herzen von Stambul zwischen den großen Moscheen und Palästen endet. Die „alte" Galatabrücke, einst eines der Wahrzeichen der Stadt, war dem steigenden Verkehrsaufkommen nicht mehr gewachsen, fiel einem Brand zum Opfer und wurde durch Neubau

▶ *Mehr und mehr weichen die alten türkischen Holzhäuser in der Metropole am Bosporus Bürohochhäusern und Wohnblocks.*

▲ *Das Goldene Horn ist einer der besten Naturhäfen der Welt. Schiffe jeder Größe laufen ihn an – vom Ruderboot bis zum Ozeanriesen.*

▼ *Die Schuhputzer verwahren ihre Utensilien in wahren Schmuckkästchen.*

gleichen Namens ersetzt. Im Zentrum der Altstadt erhebt sich die Hagia Sophia, südwestlich davon steht die Blaue Moschee, nordöstlich schließen sich die berühmten Museen an. Der Boulevard Divan Yolu, der das Häusergewirr der Altstadt zerschneidet, gabelt sich vor der Beyazıt Camii in zwei Avenuen, die beide zum westlichen Stadtrand führen und schließlich an der alten byzantinischen Landmauer von Istanbul enden.

Konstantinopel

Die jüngere Schwester Roms

Die um 660 v. Chr. von griechischen Kaufleuten gegründete Stadt *Byzantion* war bereits 1000 Jahre alt, als man sie in *Constantinopolis* umbenannte und zur Hauptstadt des Oströmischen Reichs erhob. Seit der Eroberung durch die Türken im Mai 1453 trägt die

▲ *Die Elitetruppe der osmanischen Sultane, die Janitscharen, wurde im Jahr 1826 aufgelöst. Nur bei Volksfesten erwachen die einst gefürchteten Krieger wieder zum Leben.*

Metropole am Bosporus den Namen Istanbul, der soviel wie „in die Stadt" bedeutet. Sie blieb bis zum Ende des Ersten Weltkriegs der Mittelpunkt des Osmanischen Reichs. Zahlreiche Monumente erinnern an die verschiedenen Epochen ihrer langen, wechselvollen Geschichte.

Die Griechen errichteten ihre Handelsniederlassung Byzantion auf dem Hügel, der den Eingang zum Goldenen Horn beherrscht und auf dem heute das Topkapı Sarayı steht. Zunächst eine Siedlung wie viele andere auch, wuchs sie schnell zu einer wohlhabenden Handelsstadt heran, die im Lauf der Geschichte mehrmals ihre Herrscher wechselte.

Einen bedeutenden Einschnitt markierte das Jahr 324 n. Chr. Bei Adrianopel schlug der römische Kaiser Konstantin I. seinen Widersacher Licinius und konnte so die Alleinherrschaft erringen. Die wachsende Bedeutung der Osthälfte des Römischen Reichs veranlaßte Konstantin, die Stadt zur Reichshauptstadt zu erheben. Konstantinopel, das *Nova Roma* (Neues Rom), wurde bald zu einem Brennpunkt der westlichen Zivilisation und nach dem Schisma im Jahr 1054 – der Kirchenspaltung zwischen der römisch-katholischen und der griechisch-orthodoxen Lehre – zum religiösen Zentrum des gesamten Byzantinischen Reichs.

Immer wieder mußten die Mauern der Stadt den Angriffen fremder Heerscharen standhalten. Nicht weniger als elf Belagerungen ihrer Hauptstadt konnten die Byzantiner abwehren. Die Lage wurde kritisch, als das byzantinische Heer gegen die türkischen Seldschuken in der Schlacht von Mantzikert 1071 eine Niederlage erlitt; ein großer Teil Anatoliens ging verloren. Zu Beginn des 13. Jh. wurde Konstantinopel im Vierten Kreuzzug von christlichen Heeren erobert und geplündert. Nur mit Mühe konnte sich das Byzantinische Reich von diesem Schlag erholen. Die beiden folgenden Jahrhunderte, in denen sich die Osmanen zum gefährlichsten Gegner entwickelten, stellten die letzte Blütezeit Konstantinopels dar. Noch einmal spielte die Stadt am Bosporus ihre Trumpfkarten als interkontinentaler Handelsplatz aus.

Das Ende kam am 29. Mai 1453, als die Osmanen, selbst von den Mongolen aus ihrer zentralasiatischen Heimat vertrieben, Konstantinopel erstürmten. Auf den Ruinen der Metropole gründete Mehmet II. Fatih, der Eroberer, die Stadt Istanbul, die neue Hauptstadt des Osmanischen Reichs. Sie erlebte ihre Glanzzeit unter Sulaiman II. (1520–1566), dem die Nachwelt den Beinamen „der Prächtige" gab. Unter seiner Herrschaft erbaute der berühmte türkische Baumeister Sinan von 1549 bis 1557 die großartige Süleymaniye Camii, die Moschee Sulaimans, während im alten Rom sein kongenialer Zeitgenosse Michelangelo die Kuppel des Petersdoms entwarf. Mit Sulaiman II. hatten das Osmanische Reich und Istanbul den Höhepunkt der Macht erreicht; trotzdem blieb Istanbul noch über 300 Jahre lang die Schaltzentrale des Reichs. Erst Kemal Atatürk zog einen Schlußstrich unter diese Epoche der Stadtgeschichte und verlegte die Hauptstadt der neuen türkischen Republik ins inneranatolische Hochland, nach Ankara.

Kirchen, Mauern und Paläste

Glanzlichter eines alten Imperiums

Die Baudenkmäler der alten römischen Metropole stehen fast ausschließlich in Alt-Istanbul und dort vor allem auf dem Hügel an der Serailspitze. Dort hatte Konstantin der Große an der Stelle der heutigen Hagia Sophia eine Basilika errichten lassen, die der „heiligen Weisheit" (Hagia Sophia) geweiht war. Diese Kirche brannte im Jahr 404, eine neuerrichtete schon 532 während eines Aufstandes ab. Die heutige Kirche wurde 537 fertiggestellt. Nur einen Steinwurf von der Hagia Sophia entfernt liegt das Yerebatan Sarayı (Versunkener Palast), ein unterirdisches Wasserreservoir, das aus der Zeit Justinians I. stammt. Die Zisterne ist 140 m lang, 70 m breit und hat eine Gewölbekonstruktion, die von 336 Säulen getragen wird.

Der Platz vor der Hagia Sophia setzt sich nach Südwesten hin im At Meydanı fort. Der mehr als 300 m lange „Roßplatz" bildet einen Teil des römischen Hippodroms, der im Jahr 203 n. Chr. von Kaiser Septimius Severus angelegten Pferde- und Wagenrenn-

▶ *Die unter Kaiser Theodosius II. errichtete Landmauer, die sich vom Goldenen Horn bis zum Marmarameer erstreckt, half, die byzantinische Hauptstadt zur Landseite hin zu verteidigen.*

▲ *Istanbul: im Vordergrund die Kuppeln und Minarette der von dem osmanischen Hofbaumeister Sinan entworfenen Süleymaniye Camii und dahinter die Galatabrücke, die das Goldene Horn – einen Seitenarm des Bosporus – überspannt*

bahn, die von Konstantin dem Großen vergrößert wurde. Man schätzt, daß hier bis zu 100 000 Zuschauer die Pferderennen verfolgen konnten. Die *Spina*, die mittlere Scheidemauer der Rennbahn, war in römischer Zeit mit zahlreichen Monumenten geschmückt. Nur drei davon sind erhalten geblieben: einmal der aus Rosengranit gehauene Ägyptische Obelisk Theodosius' I., der ursprünglich im oberägyptischen Karnak vor dem Tempel des Pharaos Thutmosis III. (1501–1448 v. Chr.) stand und von dem römischen Kaiser nach Konstantinopel geholt wurde. Der einschließlich des Sockels über 20 m hohe Obelisk ist mit Hieroglyphen und Reliefs aus römischer Zeit geschmückt. Dann die sogenannte Schlangensäule, ein bronzenes Denkmal, das an den Sieg der Griechen über die Perser in der Schlacht von Plataä (479 v. Chr.) erinnert (es stand einst an der Stätte des heiligen Orakels in Delphi). Schließlich der Gemauerte Obelisk, auch „der Koloß" genannt, ein aus Steinblöcken zusammengesetzter und früher mit Bronzeplatten verkleideter 25 m hoher Obelisk, dessen Herkunft und Alter unbekannt sind.

Um einen Eindruck von den gewaltigen Dimensionen der kaiserlichen Residenz und der Größe ihrer Bauwerke zu gewinnen, sollte man durch die Gassen der Altstadt an der Universität und der Prinzenmoschee (Şehzade Camii) vorbei zum Valens-Aquädukt gehen. Die ursprünglich 900 m lange, zweigeschossige Wasserleitung, die den Atatürk Bulvarı und ein Tälchen zwischen zwei Hügeln überquert, entstand um das Jahr 375 n. Chr. zur Zeit des Kaisers Valens. Ein weiteres imposantes Beispiel oströmischer Baukunst ist die im 5. Jh. unter Theodosius II. errichtete Landmauer am westlichen Rand von Stambul, die Konstantinopel zur Landseite hin verteidigen half. Die über 6 km lange Befestigungsanlage wurde mehrfach erweitert und bestand schließlich aus ei-

▶ *Die Hagia Sophia, das großartigste Baudenkmal der byzantinischen Epoche, wurde nach der türkischen Eroberung geplündert und in eine Moschee umgewandelt. Seit 1935 dient der im 6. Jh. errichtete Prachtbau als Museum.*

▲ *Weil der Koran die Darstellung von Lebewesen verbietet, wurden die wunderbaren Goldmosaiken und Wandmalereien der Hagia Sophia von den Türken übertüncht. Inzwischen sind die meisten Bilder wieder freigelegt.*

ner über 10 m hohen Hauptmauer mit 96 Türmen, vor der im Abstand von 15 m noch eine 8 m hohe Vormauer verlief. Von der Seemauer am Goldenen Horn sind leider nur einige Bruchstücke erhalten.

Am südlichen Ende der theodosianischen Landmauer befindet sich ein fünfeckiges Befestigungswerk, das Kastell Yedikule (Burg der Sieben Türme), das während der Osmanenzeit als Gefängnis und Schatzkammer diente. Innerhalb seines Mauerrings befinden sich Reste der *Porta Aurea*, des Goldenen Tores, das gegen Ende des 4. Jh. n. Chr. von Theodosius I. als Triumphtor errichtet wurde.

▲ *Der segnende Christus in diesem Goldmosaik aus dem 9. Jh., das das Giebelfeld über dem Hauptportal der Hagia Sophia ziert, ist ungewöhnlich realistisch dargestellt.*

▲ *Die Halle der Rüstem-Pascha-Moschee in Istanbul ist ein Meisterwerk des genialen Architekten Mimar Sinan; verschwenderisch ist sie mit bunten Kacheln geschmückt. Hier erreichte die osmanische Kachelkunst ihren Höhepunkt.*

Hagia Sophia

Die Krone byzantinischer Baukunst

Der Glanz des alten Konstantinopel spiegelt sich am eindrucksvollsten in den wenigen Kirchen wider, die die Jahrhunderte überdauert haben. An erster Stelle muß hier die Hagia Sophia oder Ayasofya genannt werden, die zu den berühmtesten und sehenswertesten Bauwerken der Welt gehört. Sie wurde auf den Grundmauern zweier älterer Kirchen unter Kaiser Justinian errichtet und im Jahr 537 geweiht. Kemal Atatürk ließ das großartige Gotteshaus 1935 in ein Museum umwandeln.

Die Hagia Sophia ist ein gewaltiges Bauwerk mit einer Höhe von annähernd 56 m und einem Kuppeldurchmesser von 33 m. Auf den Besucher wirkt vor allem seine faszinierende Raumkonzeption, bei der der kuppelgewölbte Zentralbau mit einer axial ausgerichteten Basilika verbunden wurde. Vier mächtige Pfeiler tragen die kühn gewölbte Schirmkuppel, die an der West- und Ostseite von je einer Halbkugel abgefangen wird. Das Gotteshaus erfuhr mit der Eroberung Konstantinopels durch die Osmanen seine bislang größte Veränderung: Sultan Mehmet II. Fatih ließ die Hagia Sophia 1453 in eine Moschee umwandeln und an ihren vier Eckpunkten Minarette errichten.

▶ *Heerscharen von Handwerkern mußten hart arbeiten, um die grandiose Kuppel der Hagia Sophia zu errichten. Für ihre Ausschmückung waren die besten Baustoffe gerade gut genug.*

▲ *Die Blaue Moschee (Sultan Ahmad Camii) – sie gilt nach der Umwandlung der Hagia Sophia in ein Museum als Istanbuls Hauptmoschee und Wahrzeichen der Stadt – besitzt als einzige Moschee der Welt sechs Minarette; nur die Große Moschee in Mekka verfügt über ein Minarett mehr.*

Die altchristlichen Mosaiken, die ehedem das Innere der Kirche schmückten, sind nur zum Teil erhalten geblieben. Allerdings reicht dieser Mosaikenschmuck aus, um sich ein Bild von ihrer prächtigen, vor allem in Gold- und Silbertönen schimmernden Ausstattung zu machen. Man nimmt an, daß die frühen abstrakten Ornamente erst im Anschluß an den Bilderstreit des 9. Jh. durch Abbildungen von Heiligen ersetzt wurden. Die berühmtesten Mosaikbilder befinden sich übrigens in der Kariye Camii, die im 13./14. Jh. mit prachtvollen Mosaiken geschmückt wurde, welche nahezu die gesamte christliche Glaubenslehre zum Inhalt haben. Der Mosaikenschmuck, der von tiefer Frömmigkeit zeugt, muß auch die islamische Geistlichkeit beeindruckt haben, denn sie ließ ihn hier nicht zerstören, sondern bloß mit einer dünnen Kalkschicht übertünchen.

Kunstsinnige Herrscher

Die Architektur der Osmanen

Sowohl die türkischen Seldschuken als auch die Osmanen ließen gegenüber Andersgläubigen eine beispielhafte religiöse Toleranz walten – sicherlich ungewöhnlich für die Anhänger einer Religion, die den Heiligen Krieg gegen Andersgläubige fordert. Diese Duldsamkeit in religiösen Fragen äußerte sich z. B. in den Hochzeiten zwischen osmanischen Fürsten und christlichen Prinzessinnen, die ihrem Glauben treu bleiben durften. So war Roxelane, die Lieblingsfrau Sulaimans des Prächtigen, eine Russin, und der harte Kern der Leibgarde der Sultane, die Janitscharen, rekrutierte sich aus christlichen Sklaven (die dann allerdings zum Islam umerzogen wurden, bevor man sie zu lebenslangem Dienst verpflichtete). Überhaupt waren die Sultane gegenüber allen Anregungen von außen sehr aufgeschlossen, gerade auch in der Kunst, und sie schmückten ihr Reich und insbesondere die Hauptstadt mit architektonischen Meisterwerken. Istanbul entwickelte sich auf diesem Nährboden zum künstlerischen Zentrum des Islam. Einige seiner Moscheen gehören zum Bedeutendsten, was die islamische Architektur in nunmehr fast eineinhalb Jahrtausenden hervorgebracht hat.

Der umfangreiche Komplex der Süleymaniye Camii, zwischen 1550 und 1557 errichtet, beeindruckt durch die kühne Konstruktion der Zentralkuppel, die sich fast 50 m über den Boden der Moschee erhebt und bei deren Bau sich Mimar Sinan mit dem Kuppelgewölbe der Hagia Sophia auseinandersetzte. Der großzügige Moscheen-

hof wird von vier Minaretten flankiert. Außer der Moschee Sulaimans des Prächtigen entwarf Sinan (1489–1588), der größte Baumeister der Osmanen, noch weitere 80 Moscheen zwischen Mekka und dem Balkan.

Weniger kühn, dafür aber in der Raumgestaltung und Farbgebung noch harmonischer, präsentiert sich die Sultan Ahmad Camii, besser bekannt als die Blaue Moschee. Die einzige Moschee der Welt mit sechs Minaretten wurde von 1609 bis 1616 im Auftrag Sultan Ahmads I. von Mehmet Ağa, einem Schüler

▲ *Ihren Beinamen verdankt die Blaue Moschee den blauen Kacheln aus Iznik, dem alten Nicaea, das in osmanischer Zeit eine berühmte Fliesenmanufaktur besaß.*

Sinans, errichtet. Der mit Marmor und farbigen Kacheln geschmückte Innenraum unter der gewaltigen, 43 m hohen Hauptkuppel der Moschee gehört zu den schönsten Schöpfungen der türkischen Baukunst.

◀ *Den berühmtesten Mosaikenschmuck Istanbuls findet man in der Kariye Camii; die ehemalige Chora-Klosterkirche, heute ein Museum, ist mit Bildzyklen geschmückt, die nahezu die gesamte christliche Glaubenslehre darstellen.*

Der weltliche Ruhm der osmanischen Herrscher spiegelt sich im Topkapı Sarayı wider, dem Serail, wie die Residenz der ersten Sultane genannt wird. Es befindet sich an der Spitze der Halbinsel, die südlich des Goldenen Horns ins Marmarameer ragt. Bis zu 5000 Menschen sollen zeitweise auf dem Palastge-

▲ *Istanbul: Das im 15. Jh. errichtete Topkapı Sarayı war vier Jahrhunderte lang die prachtvolle Residenz der osmanischen Sultane – ein Labyrinth ineinander verschachtelter Gebäude, das Platz für den Sultan, seinen umfangreichen Hofstaat und die Leibgarde der Janitscharen bot.*

lände gelebt haben. Das Serail, in dem einst Entscheidungen von weltpolitischer Bedeutung gefällt wurden, ist heute ein Museum.

Die Anordnung der Palastgebäude gibt einen guten Eindruck von der Allmacht der Sultane. Durch das Orta Kapı, das aus weißem Marmor erbaute Mitteltor, gelangt man vom ersten Hof, der Teil des äußeren Palastgeländes war, in den zweiten Hof, mit dem der eigentliche Palastbezirk beginnt. Das Orta Kapı besitzt zwei Nischen, in denen die abgeschlagenen Köpfe der in Ungnade gefallenen Würdenträger zur Schau gestellt wurden – so auf ein mögliches Schicksal eingestimmt, begegnete jeder Besucher dem Sultan mit dem erwarteten Respekt. Den zweiten Hof, auch „Platz des Diwans", des Ministerrats, genannt, durfte der Sultan nur auf dem Rücken eines Pferdes überqueren. An der rechten Seite dieses Hofs befindet sich der ehemalige Küchentrakt, der heute eine bedeutende Sammlung chinesischen Porzellans und osmanischer Keramik beherbergt. Das Bâb-üs-Saâde (Tor der Seligkeit) schließlich führt zum dritten Hof und innersten Palastbereich, der den höchsten Würdenträgern und der Herrscherfamilie vorbehalten war.

Das alltägliche Istanbul

Eine Hafen- und Handelsmetropole

Istanbul ist kein Freilichtmuseum, das mit seinen Baudenkmälern jährlich Tausende von Touristen anzieht, sondern eine quicklebendige, zuweilen hektische Handels- und Hafenstadt. Wer zur Mittagszeit einen Bummel über die Galatabrücke hinüber in das Geschäfts- und Bankenviertel rund um den Galataturm macht, wird von orientalischer Beschaulichkeit nicht viel zu spüren bekommen. Die vielbeschriebene orientalische Atmosphäre kann man am ehesten noch in den engen Gassen der Altstadt Stambul und dort vor allem auf den von einheimischem Kunsthandwerk, aber auch von billigen Industrieprodukten und fernöstlichem Trödel überquellenden Märkten erleben: im Mısır Çarşısı, dem Ägyptischen Basar, sowie im Kapalı Çarşı, dem Großen Basar. Dieser Basar, für viele Touristen *die* Attraktion Istanbuls, ist eine Stadt in der Stadt. 17 Tore führen in das Gewirr von Gassen und Plätzen mit Tausenden kleiner Läden hinein. Wer auf dem Weg bis zum Bedesten, dem Kleinen Basar im Zentrum des Basarviertels, standhaft geblieben ist, wird spätestens dort den Überredungskünsten der überaus geschäftstüchtigen Orientalen erliegen.

◀ *Der Harem im Herzen des Topkapı Sarayı, prunkvoll ausgestattet, aber eben doch ein goldener Käfig, zu dem nur wenige männliche Auserwählte Zutritt hatten*

Ausflüge ins Hinterland

Zwischen Bosporus und Dardanellen

Der Bosporus ist eine der schönsten Meeresstraßen der Welt; man lernt ihn am besten bei der Fahrt mit einem der Schiffe kennen, die in Istanbul in der Nähe der Galatabrücke ablegen und dann im Zickzackkurs zwischen dem europäischen und dem asiatischen Ufer meist bis hinauf nach Rumeli Kavağı kreu-

▲ *In den blühenden Gärten des Serails pflegten die Sultane zu promenieren und sich der Muße hinzugeben.*

zen. Als erste Sehenswürdigkeit entlang der Strecke taucht am europäischen Ufer der große Dolmabahçe-Palast auf (in ihm starb 1938 Kemal Atatürk), beherrscht von der großartigen Kulisse der 1973 fertiggestellten, 1074 m langen Hängebrücke Boğaziçi Köprüsü, die den Bosporus überspannt. Hinter Bebek erhebt sich dann an der schmalsten Stelle der Meeresstraße die kurz vor der Eroberung Konstantinopels errichtete Festung Rumeli Hisarı (Europäische Burg), die unter der Herrschaft der Osmanen als Zollstation und Gefängnis diente; gegenüber am asiatischen Ufer liegt das 1391 erbaute Anadolu Hisarı (Anatolische Burg). Am östlichen Ufer erhebt sich auch der Yuşa Tepesi (Josuaberg), der den besten Ausblick auf den Bosporus bietet; das Dörfchen Sarıyer, kurz vor der letzten Station am europäischen Ufer, ist bekannt für seine guten Fischlokale.

Die Badeorte südlich von Istanbul, etwa Florya oder Bakırköy am europäischen Ufer des Marmarameers, sind ebenfalls einen Abstecher wert. Zu den beliebtesten Ausflugszielen gehören die etwa 20 km südöstlich von Istanbul liegenden Kızıl Adalar (Rote Inseln), eine Gruppe von neun kleinen Inseln im Marmarameer, die auch als Prinzeninseln bekannt sind. Dieser Name erinnert an die Zeit, als byzantinische Fürsten, die in Ungnade gefal-

▲ *An der schmalsten Stelle des Bosporus, dort, wo sich Europa und Asien bis auf wenige hundert Meter nähern, erhebt sich am europäischen Ufer die Festung Rumeli Hisarı, die 1452 innerhalb weniger Monate erbaut wurde.*

len waren, auf die abgelegenen Inseln verbannt wurden – das angenehme Klima und die reizvolle Landschaft dürften für sie ein kleiner Trost gewesen sein. Trotz des starken Ausflugsverkehrs haben sich die Inseln, auf denen man allenfalls das Klappern von Hufen hört (Autoverkehr ist verboten), ihren ursprünglichen Charakter bewahren können.

Noch weiter im Südwesten befindet sich zwischen der Halbinsel Gelibolu (Gallipoli) und der asiatischen Küste die an ihrer schmalsten Stelle nur etwa 1 km breite Meerenge der Dardanellen (Çanakkale Boğazı). Diese Meerenge, der Hellespont des Altertums und gewissermaßen die Straße von Hormuz der Antike, war (und ist immer noch) von strategisch außerordentlich großer Bedeutung. Das Heer des Perserkönigs Xerxes überquerte sie im Jahr 480 v. Chr. auf einer Schiffbrücke, Alexander der Große führte seine Truppen rund 150 Jahre später in entgegengesetzter Richtung über die Dardanellen. Im 15. Jh. errichteten die Osmanen an beiden Ufern große Festungsanlagen, um die Meeresstraße ganz unter ihre Kontrolle zu bringen.

Anatolien

WELTEN liegen zwischen dem quirligen Treiben Istanbuls mit seinen modernen Geschäftsvierteln und den Dörfern des Anatolischen Hochlandes, deren Bewohner ein Dasein unter großen Entbehrungen führen. Die Not veranlaßt viele Menschen zur Landflucht in die industriellen Zentren der westlichen Landeshälfte oder gar zur Abwanderung ins Ausland.

Anatolien, der in Asien gelegene Teil der Türkei, umfaßt etwa 97 % des Staatsgebiets. Das „Land des Sonnenaufgangs“, wie die deutsche Übersetzung von *Anadolu* lautet, deckt sich größtenteils mit der Halbinsel Kleinasien, die sich als westlichster Ausläufer der asiatischen Landmasse zwischen das Schwarze Meer und das Mittelmeer schiebt. Sie besteht im wesentlichen aus drei großen Landschaftsräumen: einmal einer Ebene an

▶ *Goldmünzen am Turban – im Orient nicht nur Schmuck, sondern auch Teil der Altersvorsorge*

▲ *Die Täler, in die sich die Dörfer Anatoliens schmiegen, bieten einigermaßen Schutz vor den eisigen Stürmen des Winters.*

den Küsten, die meist aber nur einen schmalen Saum zwischen dem Meer und den Küstengebirgen bildet; dann einem Hochland im Innern, das durch Höhenzüge in mehrere Becken gegliedert ist und von Westen nach Osten von etwa 800 auf über 1200 m Höhe ansteigt; schließlich werden Küstenebene und Binnenhochland im Norden und Süden durch hohe Randgebirge voneinander getrennt, im Süden durch den Taurus (Toros), dessen Gipfelhöhen zwischen 2000 m im Westtaurus und mehr als 3000 m Höhe im Osttaurus schwanken, und im Norden durch das Pontische Gebirge, das ebenfalls nach Osten hin auf fast 4000 m Höhe ansteigt und dort mit dem Taurus einen einzigen großen Gebirgsknoten zu bilden scheint.

Das anatolische Binnenland, das ursprünglich wohl fast ganz bewaldet war, wird heute größtenteils von Steppen bedeckt. Ausgedehntere Wälder gibt es fast nur noch an der Schwarzmeerküste, die reichliche Niederschläge erhält. Nur wenige Flüsse dringen von Zentralanatolien her durch die Randgebirge bis zum Schwarzen Meer vor, darunter der Kızılırmak, der längste Fluß der Türkei. Der Euphrat und der Tigris, die beide in Ostanatolien entspringen und weite Gebiete Vorderasiens mit Wasser versorgen, wenden sich dagegen nach Südosten zum Persischen Golf hin.

Kleinasien

Ein geschichtsträchtiges Land

Beim Anblick der kahlen, ausgedörrten Steppen Anatoliens mag man kaum glauben, daß sich hier eine der ersten Städte der Welt und möglicherweise auch der Ackerbau entwickelt haben sollen. Die Funde der Archäologen sprechen allerdings eine eindeutige Sprache: Die stadtartige Siedlung Çatal Hüyük südöstlich von Konya, die größte bekannte jungsteinzeitliche Siedlung im Vorderen Orient, wurde um 6500 v. Chr. erbaut. Ebenfalls auf anatolischem Boden entstand mit der Kultur der Hethiter um 2000 v. Chr. die erste Hochkultur in Kleinasien. Zwischen 1450 und 1200 v. Chr. erlebte sie ihre Blütezeit. Die Küste des Ägäischen Meers und ihr Hinterland sind mit den Ruinen zahlreicher bedeutender Städte des Altertums ein wahres Dorado für Archäologen: Troja, die Stadt der *Ilias;* Pergamon, eine der geistigen Hochburgen der Antike; Sardes am goldreichen Fluß Paktolos, die Hauptstadt Lydiens, über das im 6. Jh. v. Chr. der sagenhaft reiche König Kroisos (Krösus) herrschte; Ephesus, einst der größte Hafen

▶ *Erntezeit im Anatolischen Hochland*

▲ *Statuette einer hethitischen Göttin aus Gold und Silber. Sie steht heute im Museum für Anatolische Zivilisationen in Ankara, das eine bedeutende Sammlung archäologischer Funde besitzt.*

der antiken Welt; Milet, die Heimatstadt des griechischen Philosophen und Mathematikers Thales (ca. 625–547 v. Chr.).

In dieser geschichtsträchtigen Region wirkten Philosophen beim Aufbau der griechisch-römischen Geisteswelt mit, hier entwickelte sich aber auch die christliche Glaubenslehre. In der um 300 v. Chr. gegründeten Stadt Antiochia, dem heutigen Antakya, ganz im Südosten der Türkei nahe der syrischen Grenze gelegen, trafen sich die Jünger Jesu, nachdem sie den Verfolgungen in Jerusalem entkommen waren. Hier wurde der Name „Christen" zum allererstenmal gebraucht, und von Antiochia breitete sich auch der christliche Glaube allmählich bis zur Metropole des Römischen Reichs aus, wo Kaiser Konstantin ihn schließlich zur Staatsreligion erklärte.

Als die byzantinischen Kaiser Kleinasien eroberten, fanden sie im Süden und Südosten der Türkei – beispielsweise in Urfa – bereits viele christliche Kirchen und Klöster vor. Auf die Einverleibung folgte ein beispielloses Schlachtengetümmel. Byzantiner kämpften gegen türkische Seldschuken, jene wiederum gegen Kreuzritter, die Kreuzritter gegen die türkischen Osmanen und diese gegen die Mongolen. Erst unter der Herrschaft Sulaimans des Prächtigen kehrte der Frieden für längere Zeit wieder in Anatolien ein. Doch Anatolien kam in der Folgezeit immer weniger Bedeutung bei: Bursa, die erste Hauptstadt der Osmanen, mußte seine Rolle schon bald an Edirne und schließlich an Istanbul abtreten. Und während sich die Sultane auf europäischem Boden im Krieg gegen die Habsburger verausgabten, zerbröckelte das eigentliche Kernland der Türken. Der neue Aufschwung begann erst zu der Zeit, als der „Kranke Mann am Bosporus" (zeitgenössische Anspielung auf das im Niedergang befindliche Osmanische Reich) den letzten Atemzug getan hatte und Mustafa Kemal den türkischen Nationalismus neu entfachte. Plötzlich schlug das Herz der Nation wieder in Anatolien, weshalb es auch nur folgerichtig war, daß Ankara am 14. Oktober 1923 zur neuen Hauptstadt erklärt und dort zwei Wochen später die türkische Republik verkündet wurde.

Çatal Hüyük und Hattusa

Mekka der Archäologen

Für viele Europäer ist es heute unvorstellbar, daß in der Steppeneinöde der anatolischen Hochebene einige der ältesten Städte der Welt entstanden sein sollen. Vielleicht ist es aber gerade der einsamen Landschaft zuzuschreiben, daß die Menschen hier auf die Idee kamen, ihre Häuser und Hütten eng beieinander zu erbauen und auf diese Weise eine stadtähnliche Siedlung zu errichten. Die jungsteinzeitliche Siedlung von Çatal Hüyük, die seit Beginn der 60er Jahre von britischen Archäologen ausgegraben wird, bildete jedenfalls erstmals deutlich eine geschlossene Stadt. Von dem Städtchen Çumra führt eine Straße zu der Ausgrabungsstätte, die auf einer Fläche von 16 ha annähernd 200 Ruinenhügel umschließt. Beim Rundgang durch das Grabungsgelände erkennt man in dem Gewirr von Mauerresten und Treppen die wabenartige Anordnung der Lehmziegelhäuser, zwischen denen es weder Straßen noch Gassen gab. Der Außenwelt kehrte die Stadt die geschlossene fensterlose Mauer ihrer aneinandergereihten Häuser zu, die als Schutz gegen feindliche Angriffe diente. Um zu ihren Häusern zu gelangen, mußten die Bewohner über Leitern auf die Dächer klettern und dort oben entlanglaufen, bis sie durch eine Öffnung ins Innere ihres Hauses gelangten. Der städtische Charakter ist im Grundrißbild unverkennbar.

Wie konnte solch eine weit entwickelte Kultur so früh (im 7. Jt. v. Chr.) und auf so unfruchtbarem Boden entstehen? Vielleicht kann die Klimageschichte der Nacheiszeit auf diese Frage eine einleuchtende Antwort geben. Der Zeitraum zwischen dem 7. und 5. Jt. v. Chr. war nämlich eine ausgesprochen günstige Klimaperiode, die deutlich höhere Temperaturen und Niederschläge als heute aufwies. Fachleute nehmen an, daß diese günstigen Umstände den Übergang von der primitiven Jäger- und Sammlerwirtschaft der Altsteinzeit zum Ackerbau und zur Viehzucht der Jungsteinzeit erleichtert haben könnten. Jedenfalls waren die Einwohner von Çatal Hüyük in der Lage, den Dinkel, der wild an den Gebirgshängen der näheren Umgebung wuchs, gezielt anzupflanzen. Darüber hinaus kultivierten sie aber auch Erbsen, Linsen, Gerste, Pistazien und andere Nutzpflanzen.

Später, im 2. Jt. v. Chr., befand sich in Anatolien das Zentrum des Hethiterreichs. Die Ruinenstätte der berühmten hethitischen Hauptstadt Hattusa wurde etwa 200 km östlich von Ankara in der Nähe des Dorfes Boğazkale entdeckt. Vor der Besichtigung der Ruinenstadt sollte man einen Abstecher zum hethitischen Felsenheiligtum Yazılıkaya unternehmen. Zahlreiche Reliefskulpturen geben Aufschluß über die hethitische Götterwelt. Hattusa selbst liegt in strategisch günstiger Lage auf einem Kalksteinplateau zwischen zwei Tälern. Gut erkennbar ist noch sein doppelter Mauerring. Die Mauern bestanden aus riesigen, genau ineinandergefügten Steinblöcken und waren in Abständen durch große, imposante Toranlagen verstärkt, von denen noch drei erhalten sind. Als Torpfosten dienten gewaltige Monolithe, aus denen Löwen, Sphingen und Gottheiten herausgemeißelt wurden. Hattusa ist mit seinen archäologischen

▶ *Frauen bei der Feldarbeit in Pamphylien, der fruchtbaren Küstenlandschaft in Südanatolien. Im Hintergrund steigen die kahlen Hänge des Taurusgebirges auf.*

▲ *Das Stadttor der ehemaligen Hethiterstadt Alaca Hüyük, die schon um 3000 v. Chr. bestand, wird von zwei Sphingen flankiert.*

Schätzen ein einziges großes Freilichtmuseum, dessen Besuch zu einer unvergeßlichen Reise in die Vergangenheit wird.

Nördlich von Hattusa liegt Alaca Hüyük, wo man bei Ausgrabungen Königsgräber fand und wo noch heute zwei verwitterte Sphingen das Stadttor flankieren.

Ankara

Symbol der modernen Türkei

Die Hauptstadt der türkischen Republik geht vermutlich auf eine hethitische Bergfestung zurück. Der Zitadellenberg, auf dem sich heute die Ak Kale (Weiße Burg) aus dem Mittelalter erhebt, war in der rund 3000jährigen Geschichte Ankaras immer wieder Schauplatz kämpferischer Auseinandersetzungen und blutiger Schlachten. Perser, Phryger, Lyder, Galater und Römer ließen sich im Altertum nacheinander in der Ebene am Fuß des Berges nieder und bauten die an der großen anatolischen Karawanenstraße gelegene Stadt zum Verwaltungs- und Handelszentrum aus. Nach der Teilung des Römischen Reichs mußte Ankara Belagerungen und Plünderungen durch die Araber, Seldschuken, Kreuzritter und Mongolen über sich ergehen lassen. Seit 1360 gehörte es dann unter dem Namen Engüriye oder Angora zum Reich der Osmanen.

Mit dem Jahr 1923 beginnt die Geschichte des modernen Ankara, als Kemal Atatürk die damals 30 000 Einwohner zählende Provinzstadt zur Hauptstadt der türkischen Republik erkor. Umfangreiche städtebauliche Maßnahmen (übrigens unter Federführung des deutschen Architekten Hermann Jansen) waren vonnöten, um die infrastrukturellen Voraussetzungen für den neuen Regierungssitz zu schaffen.

Aus der bewegten Geschichte der jetzt mit ungefähr 2,85 Mio. Einwohnern zweitgrößten Stadt der Türkei sind einige sehenswerte Baudenkmäler erhalten geblieben, so z. B. der Tempel des Augustus und der Roma, die Juliansäule, die römischen Thermen, die Ende des 13. Jh. von den Seldschuken erbaute Moschee Arslanhane Camii und die Yeni Cami mit ihrer roten Porphyrkuppel und dem aus weißem Marmor gemeißelten Mihrab, der nach Mekka ausgerichteten Gebetsnische.

An die glanzvolle Kulturgeschichte Anatoliens erinnern die Sammlungen des Museums für Anatolische Zivilisationen, das in einem ehemaligen Basar untergebracht ist. Besuchern wird hier die Geschichte anatolischer Kulturen von den Anfängen bis zum 1. Jt. v. Chr. nahegebracht. Die Museumsstücke reichen von Artefakten aus der Steinzeit über Grabungsfunde aus Çatal Hüyük, Goldvasen, Schmuck und Skulpturen aus der Bronzezeit bis hin zu den künstlerischen Hinterlassenschaften der Hethiter. Die hethitische Sammlung des Museums gilt als die umfangreichste der Welt. Sie enthält neben kleineren Fundstücken wie Tongefäßen, Siegeln und Schrifttafeln große Plastiken von Löwen, Göttern, Sphingen und anderen Fabelwesen aus hethitischen Ruinenstätten.

▲ *Frühjahr im Pontischen Gebirge: Nach den langen, frostreichen Wintermonaten erwacht die Natur wieder zu neuem Leben.*

Ankara ist heute mit dem Namen Kemal Atatürks untrennbar verbunden. Atatürk (1881–1938), der „Vater der Türken", wurde als Mustafa Kemal Pascha in Saloniki geboren, auf der Kriegsakademie zum Offizier ausgebildet und kämpfte schon als junger Mann mit Gesinnungsgenossen gegen das korrupte Regime der Sultane. Seinem Einsatz und Wirken ist es zu verdanken, daß die Türkei nach dem Zusammenbruch des Osmanischen Reichs nicht unter den Siegermächten aufgeteilt wurde. Er war der Begründer der Türkischen Republik, in deren Verfassung die Trennung von Staat und Religion festgeschrieben ist. Islamische Fundamentalisten plädieren hingegen für die Wiedereinführung der Scharia – Pflichtenlehre und religiöses Recht des Islam. Zu den Reformen, die Mustafa Kemal Pascha in den 20er Jahren gegen den Widerstand konservativer Kreise durchsetzte, gehörten u. a. die Gleichstellung der Frau vor dem Gesetz, die Einführung des lateinischen Alphabets und der christlichen Zeitrechnung sowie das Verbot des Fes und des Schleiers.

Konya

Eine Oase in der Steppe

Die alte Residenz der Seldschuken liegt südlich von Ankara am Rand einer ausgedehnten Salzsteppe. Konya ist eine fruchtbare Oase inmitten der Steppeneinöde. Umfangreiche Bewässerungsprojekte und das ertragreiche Ackerland in der Umgebung der Stadt haben Konya zu einer der blühendsten Städte Anatoliens werden lassen.

▶ *Das Portal der Ince Minare Medresesi in Konya, einer geistigen Hochburg der islamischen Türkei, ist reich mit Inschriften und Flechtwerkornamenten verziert.*

Als Hauptstadt der gleichnamigen Provinz zählt Konya heute knapp 440 000 Einwohner. Neben der Verarbeitung von Agrarprodukten ist die Teppichweberei einer der traditionellen Erwerbszweige. Die farbenfrohen Teppiche aus Konya sind in der ganzen Türkei berühmt.

Noch bekannter ist die Stadt allerdings als Mittelpunkt des Mewlewi-Ordens, des Ordens der „tanzenden Derwische", und als Hochburg des Islam. Unter den Bauwerken ragen die mit schönen blauen Fayencen geschmückte Büyük Karatay Medresesi, eine ehemalige Koranschule (heute ein Museum für seldschukische Fayencen), und das Kloster Mevlâna Müzesi hervor, in dem Dschalaloddin Rumi, der Gründer des berühmten Derwischordens, ruht. Obwohl der Orden von Kemal Atatürk verboten wurde, treffen sich die Derwische alljährlich im Dezember in Konya, um in der Stadt ihre kultischen Tänze aufzuführen.

Der Saum Kleinasiens

Während das zentrale Hochland Anatoliens von einem unwirtlichen Kontinentalklima mit trockenen, heißen Sommern und kalten Wintern geprägt ist (anhaltenden Frostperioden mit Temperaturen von weniger als –20 °C im Winter stehen Sommerwerte von über 40 °C gegenüber), werden die Küstenregionen Kleinasiens von einem maritimen Klima bestimmt: mild und regenreich an der Schwarzmeerküste, mediterran an der West- und Südküste. Die Mittelmeerküste, mit ihren zahllosen Buchten und vorgelagerten Inseln eine der schönsten Küstenlandschaften der Welt, ist alljährlich das Ziel Hunderttausender von Touristen, die nicht nur von den kilometerlangen Sandstränden, sondern auch von berühmten Ruinenstätten wie Troja oder Ephesus angezogen werden. Doch auch das gebirgige Hinterland hat seine Reize. Am Rand des Anatolischen Hochlandes, im Südosten, liegt im Gebiet zwischen den Städten Aksaray, Nevşehir, Ürgüp und Niğde die berühmte historische Landschaft Kappadokien, die für sich allein schon eine Reise wert ist.

▲ *Unter der grünen Türbe des Klosters Mevlâna Müzesi in Konya hat der als Mystiker verehrte Gründer des Derwischordens, Dschalaloddin Rumi (1207–1273), seine letzte Ruhestätte gefunden.*

Kappadokien

Eine verwunschene Landschaft

Seien es die bizarren Mondlandschaften der Tuffgebiete, die Felsenkirchen oder die unterirdischen Städte – Kappadokien ist in jeder Beziehung unvergleichlich. Das unwirklich anmutende Landschaftsbild wurde von Sturzbächen geschaffen, die sich bei den seltenen, dann aber um so heftigeren Regengüssen in die mehr oder weniger stark verfestigten Tuffschichten einkerbten. Die

▲ *Als die Söhne des Propheten im 7./8. Jh. Kleinasien eroberten, zogen sich viele christliche Mönche nach Kappadokien zurück und gruben dort Kirchen in das weiche Tuffgestein.*

▲ *Das Tal von Göreme mit seinen mehreren hundert Höhlenkirchen war im frühen Mittelalter Schauplatz einer echten „Subkultur".*

vulkanischen Aschen gingen vor allem nach Ausbrüchen des rund 50 km östlich gelegenen Vulkans Erçiyas Dağı hier nieder, der in historischer Zeit noch aktiv gewesen sein soll. Durch die Erosion entstand seither ein Labyrinth von Erdpyramiden, pilzförmigen Felsen und messerscharf eingeschnittenen Abflußrinnen.

Die natürlichen Höhlen, die Wind und Wetter in die Flanken der Kegel gegraben haben, inspirierten die Menschen dazu, künstliche Höhlen in dem verhältnismäßig weichen, dabei aber stabilen Tuffgestein anzulegen. Das Leben in den Höhlenwohnungen war keine Notlösung, sondern ein echter Fortschritt, denn in ihnen herrschten im Sommer wie im Winter angenehme Temperaturen, außerdem boten die Höhlen in Kriegszeiten Schutz vor Feinden. So wurden manche Tuffkegel im Innern wie Schweizer Käse ausgehöhlt. Bei Derinkuyu, Kaymaklı, Çardak und Özkonak entstanden regelrechte Städte im Untergrund, in denen Zehntausende von Menschen gelebt haben sollen. Kaymaklı besteht gewissermaßen aus unterirdischen Hochhäusern, die acht Stockwerke aufweisen. Von jedem Stockwerk zweigen kilometerlange Gänge ab, die zu Wohnräumen, Speichern und unterirdischen Kapellen führten und die bei drohender Gefahr durch riesige Steine hermetisch verschlossen werden konnten. Welche Mühe muß es gekostet haben, solch eine Stadt im Untergrund anzulegen!

Mit der Christianisierung zogen fromme Einsiedler auf den Spuren des Apostels Paulus in die Tuffhöhlen Anatoliens ein. Nach und nach bildeten sie christliche Gemeinden, und vom 7. Jh. n. Chr. an wurden immer mehr Kirchen und Klöster in das Gestein gegraben. Diese „Subkultur" im wahrsten Sinne des Wortes erlebte ihre Blütezeit im 11. Jh., als die Gewölbe der unterirdischen Kirchen, Kapellen und Klöster, vor allem

▲ *Wie ein überdimensionaler Termitenhügel ragt ein Kegel aus vulkanischem Tuffgestein hinter dem Dörfchen Uçhisar auf. Er ist von zahllosen Kammern, Gängen und Galerien durchlöchert.*

im Gebiet um Göreme, mit einzigartigen altchristlichen und byzantinischen Malereien ausgeschmückt wurden. Einige dieser unterirdischen Felsenheiligtümer sind besonders sehenswert, so z. B. Kızlar Kalesi (Frauenkloster) mit naiven Wandmalereien, Elmalı Kilise (Apfelkirche) mit Szenen aus dem Leben Christi, Karanlık Kilise (Dunkle Kirche) mit erstaunlich gut erhaltenen Fresken aus dem 11. Jh. sowie Tokalı Kilise, eine Kirche, deren Wandmalereien die Entwicklung der byzantinischen Malerei am besten dokumentieren. Frühchristliche, von Einsiedlern geschaffene Höhlenkirchen wurden auch in den Tälern von Kiliçlar, El Nazar und Peristrema entdeckt.

◀ *Jahrtausendelange Erosion verwandelte die vom Vulkan Erçiyas ausgespuckten Aschenschichten in bizarre Mondlandschaften.*

Die Westküste

Zwischen Tradition und Aufbruch

Zu den religiösen Pflichten der Moslems gehört die *Hadsch*, die Wallfahrt nach Mekka zur Kaaba. In Anlehnung an dieses Gebot sollte auch jeder Archäologe in seinem Leben wenigstens einmal an der Küste Anatoliens gewesen sein, genauer gesagt, an der Küste des Ägäischen Meers und des Mittelmeers, die sich von Çanakkale bis Antakya über 3000 km weit erstreckt. Hier liegen viele berühmte Ruinenstätten, in denen Archäologen sensationelle Entdeckungen gemacht haben.

In den Katalogen der Reiseveranstalter heißt diese Küste auch „Türkische Riviera", eine Etikettierung, die gewiefte Fremdenverkehrsmanager schnell aus dem Hut gezaubert haben. Das Geschäft mit dem Tourismus floriert, überall entstehen neue Urlaubszentren, die die alten Fischer- und Hafenstädtchen mehr und mehr verdrängen. An der Mittelmeerküste sind vor allem drei Abschnitte als Urlaubsgebiete erschlossen: zwischen Çanakkale und Izmir und zwischen Kuşadası und Fethiye an der Westküste sowie zwischen Antalya und Mersin an der Südküste. In allen drei Gebieten ist die Wasserqualität (noch) relativ gut, wenngleich auch die türkische Küste immer stärker von der Verunreinigung der Küstengewässer betroffen ist. Der wachsende Fremdenverkehr stellt die kleinen Gemeinden vor erhebliche Entsorgungsprobleme, denen man erst in jüngster Zeit durch den Bau von Kläranlagen und Ringkanalisationen entgegenzutreten versucht.

Ein guter Ausgangspunkt für Erkundungsfahrten entlang der Küste ist Izmir, drittgrößte Stadt und zweitwichtigster Hafen der Türkei, Handels- und Industriezentrum, Verkehrsknotenpunkt und bedeutende Messestadt. Das frühere Smyrna ist ein prickelnder Cocktail aus Orient und Okzident. Dem Großen Basar mit den engen, von Weinlaub überrankten Gassen, dem üblichen Menschengedränge und der typisch orientalischen Geräusch- und Geruchskulisse stehen die palmengesäumten Boulevards gegenüber, die ebensogut Städte wie Nizza oder Málaga zieren könnten.

Griechische Siedler gründeten Smyrna im 11. Jh. v. Chr. an einer der schönsten Buchten des Ägäischen Meers. Obwohl die Stadt mehrfach durch Kriege und Großbrände verwüstet wurde, besitzt sie noch eine *Agora* (Marktplatz) aus griechisch-römischer Zeit und eine Zitadelle, von der aus man einen herrlichen Ausblick genießt. Rund 100 km nördlich von Izmir liegt die Stadt Bergama, in deren Namen das berühmte antike Pergamon weiterlebt. Von den großartigen Bauwerken der Stadt, die im 2. Jh. v. Chr. schon eine Bibliothek mit 200 000 Bänden besaß, blieben u. a. mehrere Tempel, ein Gymnasium, das großartige Theater auf der Akropolis und das Heiligtum Asklepieion, das gleichzeitig ein Zentrum für medizinische Behandlungen war, erhalten.

Am südlichen Ausgang der Dardanellen stellt die Ausgrabungsstätte von Troja einen weiteren Anziehungspunkt dar. Ob diese Stätte tatsächlich identisch mit der durch Homers Ilias berühmt gewordenen Stadt ist, muß letztlich wohl offenbleiben. Die Archäologen konnten neun Siedlungsschichten freilegen, die bis in das Jahr 5000 v. Chr. zurückreichen. Doch welche Schicht die Überreste der Stadt enthalten könnte, die im Trojanischen Krieg zerstört wurde, ist ebenfalls unter den Experten umstritten. Manche wollen sie in der zweituntersten Schicht, Troja II (ca. 2600–2300 v. Chr.), erkennen, andere dagegen in der Schicht Troja VII (ca. 1300–1200 v. Chr.).

Die Halbinsel Karaburun westlich von Izmir ist mit ihren zahllosen kleinen Badebuchten ideal für Urlauber, die besonderen Wert auf Ruhe und unberührte Natur legen. In Teos treffen sich Badeurlauber mit Bildungsreisenden, die auf den Spuren des Lyrikers Anakreon (6. Jh. v. Chr.) wandeln. Landeinwärts, knapp 100 km von Izmir entfernt, liegt die Ruinenstätte der alten lydischen Hauptstadt Sardes, in der einst König Kroisos seine legendären Reichtümer scheffelte. Südlich von Izmir reiht sich eine sehenswerte alte Stadt an die andere; ein Ausflug in diese Gegend ist buchstäblich eine Reise in die Vergangenheit. Wer die um das Städtchen Selçuk verstreuten Ruinen der altgriechischen Stadt Ephesus, z. B. das Große Theater, die Celsusbibliothek und den Artemistempel, gründlich kennenlernen möchte, benötigt dazu mindestens eine Woche. Der Tempel der Artemis, von dem nur noch Reste erhalten sind und der heute eher ein Studienobjekt für Spezialisten ist, galt einst als eines der Sieben Weltwunder. Wenige Kilometer südlich liegt Priene mit dem imposanten Tempel der Athene, der Göttin der Weisheit, dahinter Milet, das wie viele andere antike Städte in Kleinasien im Altertum noch am Meer lag; es folgen die Ruinen von Didyma, berühmt als Orakelstätte, östlich davon liegt zu Füßen des Berges Beş Parmak, der in der Antike Latmos hieß, Herakleia. Schließlich Bodrum, das türkische Saint-Tropez und einer der beliebtesten Badeorte, zugleich aber auch das alte Halikarnassos,

▲ *In Sardes, der alten Königsstadt der Lyder, herrschte einst der sagenhaft reiche König Kroisos (Krösus). Später wurde die Stadt von den Römern besetzt; von dieser Zeit zeugt noch die (restaurierte) Fassade eines Gymnasiums, in dem Jünglinge und Knaben ertüchtigt wurden.*

◀ *Im Museum von Selçuk (nahe dem antiken Ephesus) ist diese Statue der Göttin Artemis ausgestellt, deren viele Brüste als Fruchtbarkeitssymbol gedeutet werden.*

▶ *Neben den pilzförmigen Felsen Kappadokiens, die von Sturzregen aus den Tuff- und Lavaschichten gewaschen wurden, nehmen sich Menschen wie Däumlinge aus.*

▶ ▶ *Wenn sich an der anatolischen Südküste (hier bei Antalya) der Herbst ankündigt, sind die Gipfel des Taurus bereits tief verschneit.*

▲ *Die leuchtendweißen Kalksinterterrassen von Pamukkale bildeten sich an einer Thermalquelle, deren Wasser viel gelösten Kalk und Kohlendioxid enthält.*

die Geburtsstadt des Vaters der Geschichtsschreibung, Herodot (ca. 490–430). In Halikarnassos herrschte im 4. Jh. v. Chr. König Mausolos, für den das erste Mausoleum der Geschichte errichtet wurde. Von diesem blieben leider nur wenige Reste erhalten. Hauptattraktion von Bodrum ist heute die am Hafen liegende Kreuzritterburg St. Peter aus dem frühen 15. Jh.

Pamukkale

Ein Baumwollschloß

Der beliebte Urlaubsort Marmaris liegt am landseitigen Ende einer gebirgigen Halbinsel, die von Ausläufern des 2421 m hohen Boz Dağı gebildet wird und sich weit ins Ägäische Meer erstreckt. Das hübsche, in einer malerischen Bucht liegende Städtchen ist auf dem besten Weg, sich zum Zentrum des Tourismus an der türkischen Südwestküste zu entwickeln. Im Hafen sieht man deshalb neben den Booten der Schwammfischer immer mehr Segeljachten und Ausflugsschiffe.

Die Provinzhauptstadt Antalya, an der Südküste im innersten Winkel des gleichnamigen Golfs gelegen, lockt Badeurlauber mit ihrem ungewöhnlich milden, sonnenscheinreichen Klima an. Kunstliebhaber schätzen die Mitte des 2. Jh. v. Chr. von griechischen Einwanderern gegründete Stadt als Standort für Ausflüge zu den Ruinenstätten Perge, Aspendos und Side. Beliebtestes Ausflugsziel ist jedoch das „Baumwollschloß“ Pamukkale, das im Landesinnern unweit der Hauptstraße von Antalya nach Izmir liegt. Es handelt sich dabei um leuchtendweiße Kalksinterterrassen mit riesigen Warmwasserbecken, in denen man baden kann. Der Sinter, der zum Teil wattebauschartige Formen bildet, entstammt einer Thermalquelle, die viel gelösten Kalk, Kohlendioxid und andere Stoffe enthält. Schon im Altertum war diese warme Quelle bekannt und wegen ihrer Heilkraft geschätzt. Die badelustigen Römer verwandelten das antike Hierapolis im 2. und 3. Jh. n. Chr. in einen vielbesuchten Kurort. Von dieser alten Stadt ist eine ganze Reihe imposanter Bauwerke erhalten geblieben, darunter die Thermen, ein großes Theater und die Nekropole, eine der besterhaltenen Totenstädte Kleinasiens.

Am östlichen Rand des Golfs von Antalya bauten die Seldschuken im 13. Jh. das berüchtigte Seeräubernest Alanya zu einem Flottenstützpunkt aus. Die von dicken Mauern umgebene Zitadelle auf dem Burgberg hat die Jahrhunderte nahezu unversehrt überdauert, zu ihr gehören auch der 33 m hohe Kızıl Kule (Roter Turm) und die bis heute benutzte Werft, in der schon die Seldschuken ihre Kriegsschiffe bauten. Das Hafenstädtchen Anamur, etwa auf halber Strecke zwischen Alanya und Silifke gelegen, verfügt mit dem Mamuriye Kalesi ebenfalls über eine imposante Wehranlage. Sie wurde einst von den Kreuzfahrern erobert und befestigt.

◄ *Das blaue Mittelmeer brandet gegen die Mauern des Mamuriye Kalesi, einer imposanten Wehranlage nahe der Stadt Anamur, in der im Mittelalter Piraten hausten.*

▲ *Ein Bild wie aus jener längst vergangenen Zeit, als im alten Halikarnassos für den verstorbenen König Mausolos das erste Mausoleum der Welt errichtet wurde. Doch der Schein trügt: Bodrum, das den Platz der antiken Stadt eingenommen hat, ist heute ein vielbesuchter Badeort.*

Bursa

Die grüne Stadt

Etwa 100 km südlich von Istanbul, am Fuß des Ulu Dağ – des höchsten Gipfels der westlichen Türkei –, liegt die Provinzhauptstadt Bursa, das antike Prusa. Die von ausgedehnten Obstgärten umgebene Stadt, auch das „grüne“ Bursa genannt, soll nach der Überlieferung Anfang des 2. Jh. v. Chr. von dem bithynischen König Prusias I. gegründet worden sein. In römischer und byzantinischer Zeit war sie vor allem wegen ihrer Thermalquellen berühmt. Nach einer wechselvollen Geschichte, in deren Verlauf Prusa mehrmals erobert, geplündert und zerstört wurde, fiel die Stadt 1326 in die Hände der Osmanen, die hier ihre erste Residenz errichteten. Auch später, als die Sultane die Residenz nach Edirne und schließlich nach Istanbul verlegt hatten, hielten die Osmanen die Stadt in Ehren. Heute ist Bursa als Zentrum der türkischen Textil- und Nahrungsmittelindustrie, als Universitätsstadt und Fremdenverkehrsort eine der bedeutendsten Städte im nordwestlichen Anatolien. Das im

▲ *Osmanische Kachelkunst in der Yeşil Türbe von Bursa, der ersten Hauptstadt der Osmanen. Der Bau beherbergt die Gräber Sultan Mehmets I. und seiner Familie.*

Winter tief verschneite Ulu-Dağ-Massiv südlich der Stadt hat sich zum meistbesuchten Wintersportgebiet der Türkei entwickelt.

Trotz mehrerer verheerender Erdbeben und Großbrände besitzt Bursa noch viele sehenswerte Baudenkmäler. An erster Stelle muß die Yeşil Cami oder Grüne Moschee genannt werden. Die im Innern mit blaugrünen Fayencen ausgeschmückte Moschee (daher ihr Name) wurde 1420 fertiggestellt. Die Medrese Yeşil, eine ehemalige Koranschule, beherbergt heute ein Museum für Ethnographie und Islamische Kunst. Sie stammt wie die Yeşil Türbe (Grünes Mausoleum), die Muradiye Camii, die Orhan Camii, die Ulu Cami (Große Moschee) und die meisten anderen islamischen Gotteshäuser aus dem 15. Jh., in dem Bursa seine Glanzzeit erlebte. Sehenswert sind auch die mit Marmor und farbigen Kacheln verzierten Thermalbäder am westlichen Stadtrand, z. B. das im 16. Jh. errichtete Neue Bad (Yeni Kaplıca), das nur Männern vorbehalten ist, und das Alte Bad (Eski Kaplıca), in dem Frauen ausschließlich montags baden dürfen. In Mudanya, Erdek, Yalova und den anderen kleinen am Marmarameer westlich von Bursa gelegenen Seebädern sind die Geschlechter in dieser Beziehung gleichberechtigt.

▶ *Ein alter Friedhof in der Nähe der Stadt Akşehir; Wildgräser haben die Gräber fast völlig überwuchert.*

▲ *Das Ishak Paşa Sarayı bei Doğubayazıt, ein teilweise renovierter Palast aus dem frühen 17. Jh., beherrscht die Ebene am Fuß des Großen Ararat.*

Durchs wilde Kurdistan

Ein Volk ohne Staat

Das östliche Drittel der Türkei wird zum größten Teil von öden Hochländern eingenommen, über die sich schneebedeckte Gebirgsketten und Vulkankegel erheben. In dem nahezu unzugänglichen Gebirgsland, für das die Osmanen kaum Interesse gezeigt hatten, leben die Kurden. Ihr Siedlungsgebiet reicht über die Landesgrenzen hinweg in den benachbarten Iran, den Irak sowie ins nördliche Syrien und nach Armenien. Etwa 10–12 Mio. Kurden leben auf türkischem Staatsgebiet.

Gegen Ende des 19. Jh. wurden in den kurdischen Siedlungsgebieten türkische Beamte eingesetzt. Damit versuchte man die Macht der Kurdenhäuptlinge zu brechen. Widerstand begann sich bei den Kurden zu regen, und es kam wieder zu blutigen Aufständen. Seit dem Ende des Zweiten Golfkriegs hat sich der Konflikt weiter verstärkt. Im November des Jahres 1991 wurden die Kurden erstmals offiziell vom türkischen Ministerpräsidenten als ethnische Minderheit anerkannt. Selbst ihr Name war bis dahin tabu. „Bergtürken" nannte man die Kurden, das Volk ohne eigenen Staat. Auch

▲ *Die Heiligkreuzkirche auf der im Vansee gelegenen Insel Ahtamar gilt als das schönste Beispiel armenischer Kirchenbaukunst in der Türkei.*

heute noch wird ihre Sprache an türkischen Schulen nicht unterrichtet, im Amtsgebrauch ist sie verboten.

Im Vergleich mit der türkischen Riviera ist das ostanatolische Bergland auf der Weltkarte des Tourismus beinahe noch ein weißer Fleck. Auch die Unruhen in jüngster Zeit tragen ihren Teil dazu bei. Dabei gäbe es hier viel Sehenswertes zu entdecken, etwa das Grabmal, das der hethitische Herrscher Antiochos I. (69–43 v. Chr.) in der Gebirgswildnis des Nemrut Dağı für sich errichten ließ. Das Heiligtum bestand aus einem 50 m hohen Grabhügel, auf dem bis zu 10 m hohe steinerne Gottheiten aufgestellt waren.

Weiter im Norden liegt in einem Steppenhochland der Vansee. Der rund 3800 km² große See, etwa siebenmal größer als der Bodensee, füllt eine abflußlose Senke. In seinem stark salzhaltigen Wasser können nur wenige Tier- und Pflanzenarten überleben. Doch manche Fische, Krebse und Einzeller vermehren sich gerade hier so stark, daß sie in unglaublich großer Zahl vorkommen. Ganze Schwärme von Wasservögeln, die die Ufer des Sees und seine kleinen Inseln bevölkern, ernähren sich von ihnen.

◀ *Von der Grabpyramide, die König Antiochos I. für sich auf dem Nemrut Dağı errichten ließ, blieben nur riesige, sitzende Gottheiten und deren herabgefallene Köpfe erhalten.*

Erfahrene Bergsteiger können sich an den Gipfeln des ostanatolischen Berglandes versuchen, etwa am 4135 m hohen, vergletscherten Cilo Dağı, dem Hauptgipfel des Hakkâriberglandes südöstlich des Vansees. Nördlich des Sees ragt der vulkanische Süphan Dağı 4058 m hoch in den (meist) wolkenlosen anatolischen Himmel. Noch näher ist man dem Himmel auf dem Gipfel des Büyük Ağrı Dağı, besser bekannt als Großer Ararat. Der 5165 m hohe Schichtvulkan bildet im Grenzgebiet zwischen der Türkei, Armenien und dem Iran eine weithin sichtbare Landmarke. In der Übersetzung des türkischen Namens – „Schmerzensberg" – klingen die Strapazen an, die Bergsteiger beim Aufstieg auf den zerklüfteten, von einer mächtigen Eiskappe bedeckten Doppelkegel erwarten. Die Erstbesteigung des Ararat, der vor allem durch seine enorme relative Höhe (4300 m) von den Alpinisten das Letzte fordert, gelang im Jahr 1829. Heute kann man den höchsten Berg der Türkei unter der Leitung einheimischer Bergführer in drei bis vier Tagen besteigen, allerdings erteilen die türkischen Behörden wegen der Grenzlage des Ararat die Erlaubnis zu seiner Besteigung nur in Ausnahmefällen.

Dem Alten Testament zufolge soll die Arche Noah auf dem Großen Ararat gestrandet sein. In neuerer Zeit gab es immer wieder Berichte über Reste der biblischen Arche, die angeblich von Expeditionen im Fels und Eis des Vulkangipfels gefunden worden waren. Den Beweis sind die ehrgeizigen Forscher jedoch bis heute der Weltöffentlichkeit schuldig geblieben.

Die größeren Städte im Osten der Türkei, etwa Erzurum, Kars, Van oder Diyarbakır, besitzen den herben Charme orientalischer Garnisonstädte. Auch die ländliche Architektur bietet dem Reisenden mit der ungewöhnlichen Vielfalt der Bauformen immer wieder neue Fotomotive. Neben den würfelförmigen Lehmbauten Kurdistans stößt man

▲ *In den Häfen an der Nordküste Kleinasiens begegnet man gelegentlich noch den für das Schwarze Meer typischen Schiffen mit hochgezogenem Vor- und Achtersteven.*

am Oberlauf des Euphrat auf Häuser mit sonderbaren Kegeldächern, die den Trulli Apuliens zum Verwechseln ähneln. Als wahre architektonische Juwelen entpuppen sich die armenischen Kirchen, beispielsweise die Kathedrale von Ani, oder die georgischen Klöster in der Umgebung von Artvin, Tortum und Ardahan, die, überreich mit Schnitzwerk und Emaillearbeiten geschmückt, in der Mehrzahl der Reiseführer – wenn überhaupt – nur mit wenigen Zeilen erwähnt werden.

Die Schwarzmeerküste

Der feuchte Hinterhof der Türkei

An die rund 1100 km lange türkische Schwarzmeerküste zwischen dem Bosporus und Aopa verirren sich nur wenige Touristen. Dabei trifft man hier auf fruchtbare, vom Klima begünstigte Landschaften, die man, reist man durch das Landesinnere an, im sonnenverbrannten Anatolien nicht erwartet hätte. Von den dicht bewaldeten Hängen des Pontischen Gebirges stürzen Wasserfälle herab, und dort, wo der Wald gerodet ist, reihen sich grüne Weiden, Tee- und Tabakplantagen sowie Haselnußhaine aneinander. Das satte Grün verrät, daß es hier reichlich regnet, im östlichen Küstenabschnitt jährlich über 2000 mm, was der fünffachen Niederschlagsmenge in den Steppen Inneranatoliens entspricht.

Die größeren Städte an der Schwarzmeerküste haben sich in den vergangenen Jahrzehnten zu bedeutenden Industriestandorten entwickelt. Samsun, mit 280000 Einwohnern die größte Stadt und zugleich der füh-

◄ *Im östlichsten Zipfel der Türkei, nahe der Grenze zum Iran und zu Armenien, erhebt sich der von einer Eiskappe gekrönte, 5165 m hohe Große Ararat. Auf ihm soll die Arche Noah nach der Sintflut gelandet sein.*

▲ *Die eigentümlichen kegelförmigen Häuser im Grenzgebiet zu Syrien haben eine verblüffende Ähnlichkeit mit den Trulli in Süditalien.*

rende Handelshafen der türkischen Schwarzmeerküste, ist das Zentrum der gleichnamigen Provinz. Die Stadt, Mittelpunkt eines Tabakanbaugebiets, verfügt über keine nennenswerten Baudenkmäler; ihr Wahrzeichen ist das Atatürk-Denkmal: Von hier aus rief Mustafa Kemal Pascha am 19. Mai 1919 zum Widerstand gegen die Besetzung der Türkei durch die Siegermächte des Ersten Weltkriegs auf. Trabzon, das alte Trapezunt, liegt etwa 300 km östlich von Samsun. Die Stadt besitzt mit ihrer Hagia Sophia aus dem 13. Jh. einen der wertvollsten byzantinischen Sakralbauten Kleinasiens. Die Kirche, die in osmanischer Zeit als Moschee diente, ist durch ihre prachtvollen byzantinischen Wandmalereien bekannt.

Rize, 75 km östlich von Trabzon in einer malerischen Bucht gelegen, ist das Zentrum des türkischen Teeanbaus. Nach Westen hin folgen kleine Hafenstädte, wie Perlen auf einer Kette aneinandergereiht: Görele, Tirebolu, Giresun … Etwa 60 km südlich von Trabzon klebt das Kloster Sumela wie ein Schwalbennest 250 m hoch an einer Felswand; in vielen engen Serpentinen führt ein schmaler Pfad zu ihm hinauf. Das vermutlich im 6. Jh. n. Chr. gegründete Kloster, das früher bedeutende Reliquien beherbergte, wurde im Jahr 1923 aufgegeben, nachdem die Griechen die Türkei verlassen mußten.

▶ *Wie ein Schwalbennest klebt das verlassene griechisch-orthodoxe Kloster Sumela, das früher ein kostbares Marienbild barg, an der senkrechten Felswand.*

▲ *In dem Städtchen Maalula spricht man heute noch Westaramäisch, die Sprache, die zu Christi Zeiten in ganz Palästina gesprochen wurde.*

Syrien

Seit Urzeiten ist Syrien den Einflüssen dreier Kontinente ausgesetzt: Asiens, Europas und Afrikas. Politisch und militärisch gehört der mitten im Krisengebiet des Nahen Ostens liegende Staat zu den Großmächten Vorderasiens.

Ein Blick auf die geographische Karte genügt, um zu erkennen, daß die Grenzen Syriens bei der Staatsgründung willkürlich am grünen Tisch gezogen wurden. Formell seit 1946 unabhängig, umfaßt die heutige Republik Syrien mit einer Fläche von gut 185 000 km² nur einen Teil des Gebietes, das jahrtausendelang „Syrien" genannt wurde.

Die Umrisse des antiken Syrien, das sich vom Taurusgebirge im Norden bis zur Sinaihalbinsel im Süden und vom Mittelmeer im Westen bis zum Euphrat im Osten erstreckte, wurden erstmals von Seleukos, einem General Alexanders des Großen, skizziert. Im Kampf um die Nachfolge Alexanders (Diadochenkriege) gelang es ihm gegen Ende des 4. Jh. v. Chr., große Teile des Alexanderreichs unter seiner Herrschaft zu vereinen. Auch unter den Nachfolgern der Seleukiden erstreckte sich Syrien über ein viel größeres Gebiet als heute und schloß z. B. Jordanien sowie die Territorien der heutigen Staaten Israel und Libanon ein.

Seit dem Jahr 64 v. Chr. ging Syrien als Provinz im Römischen Reich auf, bis es dann 395 n. Chr. dem Byzantinischen Reich angegliedert und von Konstantinopel aus verwaltet wurde. Nach der Eroberung durch moslemische Araber im Jahr 661 lenkten insgesamt 14 Kalifen aus der Dynastie der Omaijaden bis 750 die Geschicke des Landes; Damaskus erlebte als Hauptstadt eine Blütezeit. Die sunnitischen Omaijadenkalifen können ihre Eroberungszüge bis nach Südfrankreich und Spanien ausdehnen.

In der Folgezeit geriet Syrien unter ägyptischen Einfluß und zerfiel anschließend in einzelne verfehdete Fürstentümer, mit denen die Herrscher in Bagdad und Kairo leichtes Spiel hatten. Die Uneinigkeit der Moslems erklärt die militärischen Erfolge der Kreuzfahrer, die sich seit dem 11. Jh. in Syrien festgesetzt hatten. Sie mußten ihre Macht den ägyptischen Mamelucken überlassen, die ihrerseits von den Osmanen abgelöst wurden. Nach dem Zerfall des Osmanischen Reichs und der Bildung eines unter französischer Herrschaft stehenden libanesischen Staates wurden die engen Beziehungen zwischen Syrien und einigen Teilen des Libanon gelöst. 1920 kam Syrien als Völkerbundsmandat unter französische Herrschaft, 1926 erfolgte die endgültige Aufteilung, als der Libanon eine Verfassung erhielt und aus der staatlichen Bindung an Syrien entlassen wurde; Syrien selbst wurde erst 20 Jahre später ein selbständiger Staat.

Unter der Führung ihres Staatspräsidenten Hafis Assad hat sich die arabisch-sozialistische Republik seit 1978 zu einem Staat entwickelt, dem man auch im Westen die Rolle einer Ordnungsmacht in Vorderasien zubilligt. Durch die aktive Teilnahme Syriens am Zweiten Golfkrieg an der Seite der antiirakischen Allianz ist die politische Bedeutung des Landes noch gewachsen, und im Konflikt mit Israel, das seit 1967 die Golanhöhen besetzt hält, zeichnet sich nach den ersten Verhandlungen im Rahmen der Nahost-Konferenz ein Kompromiß ab, den beide Staaten akzeptieren können.

Innenpolitisch hält Assads Baath-Partei an ihrer alleinigen Führungsrolle fest, eine Demokratie nach westlichem Vorbild wird abgelehnt. In der Wirtschaft steuert die Regierung dagegen seit mehreren Jahren einen liberalen Kurs; die Privatisierung macht sich bereits in deutlichem Wirtschaftswachstum bemerkbar.

Dank des sogenannten Fruchtbaren Halbmonds, der sich als sichelförmiger Gürtel von der Mittelmeerküste über den syrischen Antilibanon im Westen des Landes bis in das Zweistromland von Euphrat und Tigris um die trockenen Wüstensteppen der Arabischen Halbinsel erstreckt, spielt die Landwirtschaft in Syrien seit Menschengedenken eine große Rolle. Im Bereich dieses Landstreifens, in dem unter günstigen Bedingungen noch Regenfeldbau möglich ist, liegen auch die bedeutendsten Städte Syriens: Damaskus, Homs, Hama und Aleppo. Diese bilden eine wichtige Nord-Süd-Achse, über die schon im Altertum berühmte Handelsstraßen liefen. Dichter besiedelt sind außer der Umgebung der Hauptstadt und der Küstenregion vor allem die Niederungen der Flüsse Euphrat und Khabur, die einen intensiven Bewässerungsfeldbau ermöglichen, während der Osten Syriens von Wüsten und Steppen eingenommen wird. Im Euphrattal liegt auch der Assadstausee, der ab 1968 mit sowjetischer Hilfe errichtet wurde. Der 80 km lange See ist Kernstück des ehrgeizigen Euphratprojekts, durch das nicht nur 800 000 ha neues Bewässerungsland gewonnen wurden, sondern das auch die Energieversorgung der Arabischen Republik Syrien auf ein sicheres Fundament stellen soll – verfügt doch die Republik, wenigstens im Vergleich mit den erdölreichen Staaten Vorderasiens, nur über bescheidene Erdölvorkommen.

Wer als Individualtourist nach Syrien kommt, wird ein Land mit ungewöhnlich vielen Kunstschätzen und faszinierenden Landschaften entdecken. Die Reiseroute sollte im Norden bei Aleppo beginnen und vorbei an den „Toten Städten", Hunderten kleiner, verlassener Städte aus dem ersten nachchristlichen Jahrtausend, nach Damaskus führen, der Hauptstadt Syriens, die den Anspruch erhebt, die älteste ununterbrochen bewohnte Stadt der Welt zu sein.

Aleppo

Vergangenheit und Gegenwart

Die von den Syrern Haleb genannte Provinzhauptstadt liegt knapp 60 km hinter der türkischen Grenze im Übergangsgebiet zwischen den stärker beregneten Küstengebirgen und den ausgedörrten Wüstensteppen des Binnenlandes.

Als die persischen Sassaniden im 6. Jh. in Syrien einfielen, konnte Aleppo bereits auf eine mehr als 2300jährige Geschichte zurückblicken. Auch Aleppo gehört somit neben Damaskus zu den ältesten ständig bewohnten Städten der Welt. Die heute mit etwa 1,2 Mio. Einwohnern zweitgrößte Stadt des Landes entstand am Schnittpunkt wichtiger Handelsstraßen zwischen Kleinasien und Arabien, Ägypten und Persien. Erstmals taucht der Name der Stadt in Dokumenten aus dem 18. Jh. v. Chr. auf, die Haleb als die Residenzstadt des Königreichs Jamchad bezeichnen. Der verkehrsgünstigen

◀ *Die Häuser der wohlhabenden Bürger Aleppos haben meist einen Innenhof mit Pflanzen und einem kleinen Springbrunnen. Ein hohes Portal führt zum Iwan, einer nischenförmigen Halle, die in der heißen Jahreszeit als kühler, luftiger Wohnraum dient.*

▲ *Auf dem Burgberg thront die mächtige Zitadelle von Aleppo. Eine Mauerrampe führt in das Innere der Befestigungsanlage.*

Lage, die der Stadt großen Wohlstand bescherte, war es allerdings auch zuzuschreiben, daß immer wieder fremde Heere vor ihren Toren erschienen, sie belagerten, eroberten, plünderten und zerstörten. Die Liste der Völker, die Haleb beherrschten, liest sich daher wie das „Who's who" der Weltgeschichte: Hethiter, Churriter, Ägypter, Assyrer, Babylonier, Perser, Seleukiden, Römer ... und schließlich die Araber, die die Stadt 637 n. Chr. eroberten. Aus der vorarabischen Periode der Stadtgeschichte sind leider keine sehenswerten Baudenkmäler erhalten geblieben.

Im Zentrum der von der UNESCO zum Weltkulturerbe erklärten Altstadt erhebt sich der über 50 m hohe Burgberg, der mit der Entwicklungsgeschichte der Stadt eng verbunden ist und wohl schon im 2. Jt. v. Chr. befestigt war. Die gewaltige Zitadelle, die ihn heute krönt, stammt im wesentlichen aus der Zeit der Seldschuken (12./13. Jh.), während der Aleppo vor allem unter der Herrschaft Ghazis – eines Sohns des legendären Aijubidensultans Saladin – eine Zeit großen Wohlstands und hoher Prachtentfaltung erlebte. Über eine große Mauerrampe, die mit acht Bogen den tiefen Wallgraben überwindet und durch zwei mächtige Tortürme gesichert ist, gelangt man in die Befestigungsanlage. Innerhalb der Zitadelle, die Ghazi zu

▲ *Die im 8. Jh. gegründete und nach einem Brand im Jahr 1169 erneuerte Omaijadenmoschee in Aleppo wird von einem 45 m hohen Minarett überragt.*

einer „Residenzstadt" ausbauen ließ, verdienen die große Zisterne, die an den Innenraum einer romanischen Kathedrale erinnert, die Große Moschee von 1169 und die Reste des Palastes, in den König Al Aziz 1230 einzog, besondere Beachtung.

Westlich der Zitadelle liegt der Basar, der mit seinen 12 km überdachten Ladenstraßen zu den größten des Orients gehört. Beim Bummel durch die engen Gassen trifft man hier und da noch auf einen alten *Khan* (Karawanserei), etwa den Khan al-Wazir aus dem 17. Jh. mit einem schönen, im Zebrastreifenmuster verzierten Portal. Nur einen Steinwurf davon entfernt befindet sich die im Jahr 1169 rekonstruierte Omaijadenmoschee, auch Große Moschee genannt, die nach islamischer Überlieferung das Grab des Zacharias bergen soll.

In dem geschäftig lärmenden Treiben, das in den verwinkelten Gassen der Altstadt herrscht, schmilzt jeder Besichtigungsplan bald dahin wie Butter unter der heißen Sonne Vorderasiens. Man muß sich im Strom der Kauf- und Schaulustigen durch den Basar treiben lassen, hier ein Glas Tee trinken, dort ein Stück Honigkuchen kosten, vor allem aber den Kunsthandwerkern und Handwerkern bei der Arbeit zuschauen: Gold- und Silberschmieden, Schuhmachern, Holzschnitzern und Kunsttischlern, die dem staunenden Besucher aus dem Westen zeigen, was echte Handarbeit leisten kann.

Innerhalb dieser lärmenden Welt trägt die Medrese al-Firdaus ihren Namen zu Recht. In der 1235 fertiggestellten Koranschule herrscht in der Tat „paradiesische Stille". Mit dem an drei Seiten von Säulenarkaden umgebenen Innenhof gilt sie als einer der schönsten Sakralbauten Aleppos. Die Viertel nördlich der Zitadelle, besonders das Djedeideh-Viertel, bieten keine spektakulären Bauwerke, dafür aber mit ihren Innenhofhäusern des 17. und 18. Jh. unverfälschtes orientalisches Flair. Die Häuser, die nach außen hin wenig einladend wirken, entfalten ihre Pracht in den Innenhöfen, wo Springbrunnen unter Orangenbäumen plätschern. Leider können nur wenige dieser Häuser offiziell besichtigt werden, doch mit ein bißchen Glück kann man einen Blick durch ein zufällig geöffnetes Tor in das Innere werfen.

Die Toten Städte

Ruinenstädte in Nordsyrien

Westlich von Aleppo verbergen sich in den von Macchien überzogenen Ausläufern des nordsyrischen Kalksteinmassivs die Ruinen zahlloser kleiner Dörfer und Städte, die in den ersten Jahrhunderten nach der Zeitenwende von christlichen Bauern bewohnt waren, welche hauptsächlich vom Olivenanbau lebten. Viele dieser „Toten Städte" sind genauso beeindruckend wie Pompeji, aber nahezu unbekannt. Einige der am besten erhaltenen liegen im Dschebel Barisha beiderseits der Römerstraße, die einst Antiochia mit Aleppo verband: Baude mit seiner zweigeschossigen Säulenhalle, Babisqa, das Wirtschaftszentrum mit Geschäften und einer Thermenanlage, Baqirha mit den imposanten Resten einer Säulenbasilika aus dem 6. Jh. n. Chr. oder Dar Qita, wo die Säulengalerien des Basars und ein Gasthaus erhalten geblieben sind. Prachtvoll erhalten ist die römische Ruinenstadt Al Bara, obwohl man sie wie auch die anderen „Toten Städte" jahrhundertelang als bequemen Steinbruch benutzte. Die Burg in Harim, einem von sunnitischen Moslems bewohnten Marktflecken, wurde von den Byzantinern erbaut, um die Hauptstraße von Antiochia nach Aleppo kontrollieren zu können. Später nisteten sich die Kreuzfahrer in ihr ein, bevor sie dann im 12. Jh. in die Hände der Araber fiel, die sie weiter ausbauten.

Das Dörfchen Qalb Lhose, heute von Drusen bewohnt, besitzt eine der schönsten Kirchen Syriens aus frühchristlicher Zeit (6. Jh.), die noch sehr gut erhalten ist. Die dreischiffige Basilika erhebt sich auf einem kahlen Kalksteinhügel über dem Ort; die Ruinen ihrer Mauerumfriedung und in der Nähe befindlicher Wohnbauten deuten darauf hin, daß es sich bei der Basilika weniger um eine städtische Kirche als vielmehr um eine Wallfahrtsstätte gehandelt hat. In Kokanaya findet man neben Grabanlagen die Überreste sehenswerter Häuser, bei denen sich die Wohnräume nach der uralten orientalischen Tradition um einen großen Innenhof gruppieren.

Die Kirchen, Villen und Gehöfte aus harten Kalksteinquadern scheinen wie für die Ewigkeit gebaut, doch werden die alten Dörfer und

▼ *Da auch im Orient das Plastikzeitalter angebrochen ist, sehen die Kupferschmiede keinen rosigen Zeiten entgegen.*

▲ *Nach dem Tod des heiligen Simeon errichtete man um die Säule, auf der er 30 Jahre seines Lebens verbracht haben soll, eine achteckige Basilika (Oktogon), an die kreuzförmig vier weitere Basiliken angebaut wurden. Von der Gedächtniskirche, die als architektonisches Juwel Syriens gilt, stehen nur noch die Fassaden. Die Kuppel, die die Basilika krönte, stürzte vermutlich bei einem der zahlreichen Erdbeben in dieser Region ein.*

Städte, die zu Dutzenden in den Gebirgen Nordsyriens verstreut liegen, langsam, aber sicher wieder von der Natur zurückerobert. Erdbeerbäume überwuchern die Ruinen, und Wildkräuter haben sich die schnurgerade verlaufenden Straßen längst als Lebensraum zurückgeholt. Nur selten einmal verirrt sich ein Tourist in das entlegene Gebiet und stört die Ruhe der „Toten Städte".

Die bedeutendste Sehenswürdigkeit in dieser Gegend Syriens ist jedoch mit dem Auto bequem zu erreichen: Qalaat Seman, das Kloster des legendenumrankten „Säulenheiligen" Simeon (390–459), so genannt, weil er die letzten 30 Jahre seines Lebens auf einer hohen Säule verbracht haben soll – ganz dem Asketentum ergeben. Nach dem Tod Simeons errichtete man gegen Ende des 5. Jh. um die Säule eine achteckige Basilika. Das Heiligtum, zu dem auch noch eine Taufkapelle sowie verschiedene Klostergebäude gehören, gilt nicht nur als Meisterwerk der vorislamischen Architektur Syriens, sondern der gesamten christlichen Baukunst.

Die Kreuzzüge

Der Heilige Krieg der Christenheit

Mit der Ausbreitung des Christentums erlebte Syrien im 4. und 5. Jh. gleichzeitig eine wirtschaftliche Revolution, die nur mit der tiefgreifenden Umwälzung zu vergleichen ist, die acht Jahrhunderte später die Kreuzzüge für das vorderasiatische Land bedeuteten. Beide Revolutionen, die vor allem in den Landschaften des mediterranen Küstensaums unauslöschliche Spuren hinterließen, hängen aufs engste mit dem Aufstieg und dem Zerfall des größten Imperiums zusammen, das im ersten nachchristlichen Jahrtausend Vorderasien beherrschte: des Byzantinischen Reichs. Als die türkischen Seldschuken den Byzantinern drei Viertel ihres Reichs in Kleinasien entrissen, 1078 Jerusalem und 1084 Antiochia erobert hatten, war Byzanz bereits zu sehr geschwächt, um dieser Entwicklung aus eigener Kraft Einhalt gebieten zu können. Die Schreckensmeldungen aus Vorderasien wurden im Abendland mit Bestürzung vernommen. Im November 1095 rief daher Papst Urban II. während der Synode von Clermont die Christen zur „Befreiung des Heiligen Landes" auf. Bereits im folgenden Jahr marschierte die erste große christliche Streitmacht in Vorderasien ein, eroberte 1098 Antiochia und am 15. Juli 1099 Jerusalem. Da die Moslems zersplittert waren und ihre Kräfte in internen Machtkämpfen aufrieben, trafen die fränkischen Heere nicht auf den vereinten Widerstand der islamischen Welt und konnten so von Sieg zu Sieg eilen. Zehn Jahre später existierten drei „lateinische" Staaten in Syrien; die Kreuzfahrer dehnten ihren Machtbereich nach Osten bis vor die Tore von Damaskus und Aleppo aus und kontrollierten sämtliche Küsten zwischen dem Golf von Iskenderun und dem Golf von Akaba. Die Zitadellen der Araber wurden von den Kreuzfahrern erobert und nach allen Regeln der mittelalterlichen Festungsbaukunst verstärkt. Innerhalb verhältnismäßig kurzer Zeit entstanden auf

▲ *Im Palast Beit Azem, einer der besterhaltenen Wohnanlagen aus osmanischer Zeit, residierte im 18. Jh. Asad Pascha Al Azem, der Statthalter von Hama, Damaskus und Aleppo. Heute sind hier archäologische Funde aus der Umgebung ausgestellt.*

diese Weise zahlreiche Burgen, die sich bei aller Wehrhaftigkeit stets durch eine gewisse Eleganz auszeichneten. Das schönste und bekannteste Beispiel einer Kreuzritterburg ist der Crak des Chevaliers.

Sieben Jahrhunderte nachdem die „Burg der Ritter" aufgegeben wurde, präsentiert sie sich dem Besucher in einem erstaunlich gut erhaltenen Zustand. Sie verfügt über zwei gewaltige, konzentrische Mauerringe, die die Burg uneinnehmbar erscheinen lassen; innerhalb dieser beiden Befestigungsringe befindet sich vor der Hauptfront der Burg ein Wassergraben, der gleichzeitig als Zisterne diente. Man betritt die Festung durch eine überwölbte Pforte im äußeren Mauerring, von der eine mit verschiedenen Hindernissen versehene Rampe zu den Bastionen hinaufführt. Die Oberburg, das Herz des Crak, wurde von den Kreuzfahrern in der ersten Hälfte des 13. Jh. zu einem der imposantesten Festungsbauwerke der Erde

ausgebaut. Sie umfaßt neben mehreren Türmen, Höfen, Wehrgalerien und Vorratskammern eine Kapelle und den repräsentativen Großen Saal, der den Rittern als Versammlungsraum diente.

Wenngleich der Crak des Chevaliers zweifellos das bedeutendste Bauwerk ist, das die Kreuzfahrer in Syrien hinterlassen haben, lohnt sich auf jeden Fall auch eine Besichtigung ihrer anderen Burganlagen: beispielsweise der stolzen, auf einem Bergrücken zwischen tiefen Schluchten thronenden Burg Sahyun oder der Festung Marqab, die, lange Zeit als uneinnehmbar angesehen, erst im Jahr 1285 von den Mamelucken erobert wurde; sehenswert sind auch Areime, die zur Zeit der Kreuzzüge Arima genannte Burg der Tempelritter, und Qalaat Yahmur, die „Rote Burg" der Kreuzfahrer. Tartus, das antike Tortosa und im 12./13. Jh. der bedeutendste Stützpunkt der Templer, erinnert mit der Kathedrale Notre-Dame de Tortose (heute ein Museum) an die christliche Vergangenheit. In der im historischen Kern von Tartus gelegenen Templerfeste wurden seinerzeit die Sitzungen des Ordenskapitels abgehalten. In Sichtweite der Stadt liegt die Felseninsel Ruad, von der aus man einen schönen Blick auf den Dschebel Akkar hat, der sich bis in den Libanon erstreckt. Ruad war der letzte Stützpunkt der Kreuzritter in Syrien, im Jahr 1302 wurde aber auch er von den Moslems erobert.

◀ *Die zwei Mauerringe des Crak des Chevaliers sind durch einen tiefen Burggraben getrennt. Um den Graben mit Wasser zu füllen, ließen die Kreuzritter eigens einen Aquädukt errichten.*

Das Blatt wendete sich allerdings schon rund 150 Jahre früher gegen die Kreuzfahrer. Nach ihren Niederlagen gegen die Aijubidenheere Saladins in der zweiten Hälfte des 12. Jh. führten sie nur noch Rückzugsgefechte und verloren seit der Mitte des 13. Jh. bis auf wenige befestigte Orte nach und nach das gesamte Land. Der Mameluckensultan Baibars und seine Nachfolger zogen schließlich einen Schlußstrich unter dieses Kapitel der syrischen Geschichte.

▲ *Prunkstück der im 12. Jh. durch ein Erdbeben verwüsteten antiken griechisch-römischen Siedlung Apameia war die Säulenstraße. An den beiden Enden der Hauptstraße spannten sich monumentale Tore über den Boulevard.*

Hama und Umgebung

Schon in der Jungsteinzeit besiedelt

Östlich der Festung Crak des Chevaliers stößt die Straße, die die Küste mit dem Landesinneren verbindet, bei der Stadt Homs auf die Hauptverkehrsader zwischen Aleppo und Damaskus. Touristisch gesehen birgt Homs, die drittgrößte Stadt Syriens nach Damaskus und Aleppo, bis auf den großen Basar keine bedeutenden Sehenswürdigkeiten. Reizvoller ist da schon die am Fluß Orontes gelegene Provinzhauptstadt Hama, 50 km nördlich von Homs, deren Geschichte nachweislich bis in das 5. Jt. v. Chr. zurückreicht. Hier und dort sieht man am Ufer des Orontes noch die alten monumentalen Wasserräder *(Norias)*, mit deren Hilfe die Bewässerungskanäle gespeist werden, die die umliegenden Gebiete zu einem fruchtbaren Ackerland machen.

Das älteste Wasserrad ist fast 600 Jahre alt; unermüdlich dreht es sich im Kreis, hebt Wasser, aber auch Kinder in die Höhe, die sich dann wie von einem Sprungturm in die braunen Fluten stürzen.

▲ *Im Hof der Omaijadenmoschee in Damaskus befindet sich ein achteckiges, von einer Kuppel gekröntes Schatzhaus, das auf acht Säulen ruht. Einst wurde in ihm der Staatsschatz aufbewahrt.*

Das malerische Bild, das man Touristen gerne zeigt, täuscht jedoch. Innere Machtkämpfe gehören zur Geschichte der jungen Republik; in den beiden ersten Jahrzehnten der Unabhängigkeit gab es mehr als 20 Putsche. Nur allzu gut erinnern sich die Einwohner von Hama noch an den Aufstand einer radikalen Muslimbruderschaft, der 1982 blutig niedergeschlagen wurde. Viele Häuser und Paläste zeigen immer noch die Einschußlöcher.

Heute hat das autoritäre Regime das Land anscheinend vollständig unter Kontrolle. Annähernd 100% aller Wahlberechtigten stimmten im Dezember 1991 bei der Wahl des Staatspräsidenten für den Staatschef, dessen Porträts in den Dörfern und Städten Syriens neben Spruchbändern mit aufmunternden Parolen von allen Häuserwänden blicken.

Die Umgebung der Stadt quillt förmlich über vor Ruinen aus der Zeit der Griechen, Römer und Byzantiner. Beim Städtchen Qalaat al-Mudiq befinden sich die Überreste der griechisch-römischen Siedlung Apameia; die Ruinen der antiken Stadt – Theater, Tempel, Thermen und Nekropolen – bedecken eine Fläche von etwa 250 ha. Die großzügig bemessenen Straßen, der Zuschnitt der Säulenkolonnaden, die künstlerische Qualität der Skulpturen und die Dimensionen des Theaters, von dem bislang nur ein Teil ausgegraben wurde, lassen erahnen, welch eine prächtige Stadt Apameia gewesen sein muß. Die wundervollen, vor allem Tierdarstellungen enthaltenden Fußbodenmosaiken, die die Forscher hier entdeckten, sind teils in Brüssel (sie wurden von belgischen Archäologen freigelegt), teils in den Museen von Damaskus ausgestellt.

Das vielleicht bedeutendste Ruinengebiet Nordsyriens, das die Überreste einer christlichen Stadt umfaßt, liegt jedoch rund 60 km nordöstlich von Hama am Rand der Syrischen Wüste. Aus der Ferne erweckt Qasr Ibn Wardan mit seinen drei dicht beieinanderliegenden Bauwerken, der Basilika, dem Palast und der Kaserne, den Anschein, als ob es noch bewohnt wäre. Die Reste des Kuppeldachs der Kirche wölben sich 20 m hoch empor, und über die zerbröckelten Mauern des Palastes ragen hier und dort noch zweigeschossige Fassadenbruchstücke auf. Den Inschriften zufolge, die die Jahre 561 und 564 n. Chr. nennen, entstand der gewaltige Komplex wahrscheinlich in der Regierungszeit Kaiser Justinians I. Er gilt als das beste Beispiel rein byzantinischer Architektur in Syrien.

▼ *Der große Hof des Palais Azem in Damaskus, ehemals Residenz des berühmtesten türkischen Statthalters. Fußboden und Wände sind mit Marmorplatten und Fayencen verkleidet.*

▲ *Zuckerhutförmige Lehmhäuser in der Steppe bei Aleppo – eine Bauform, die über den gesamten Trockengürtel der Alten Welt verbreitet ist*

Damaskus

Eine der ältesten Städte der Welt

In den Suks der Altstadt rund um die Zitadelle (die heute vom Militär besetzt und daher nicht zugänglich ist) herrscht außerhalb der Gebetszeiten lärmende Geschäftigkeit. Teppichhändler und Zuckerbäcker, die dort ihre Waren anpreisen, sind in dem Verkehrslärm von hupenden Autos und knatternden Mopeds kaum zu verstehen. Aus den winzigen Restaurants dringen würzige Düfte. Gleich hinter dem Eingang drehen sich knusprige Hähnchen auf dem Spieß; der Koch brutzelt derweil Hackfleischbällchen auf einem Herd. Wer möchte, bekommt in den Restaurants Teller und Besteck, der Genießer jedoch nimmt einen frisch gebackenen Brotfladen. Mit dem Daumen und dem Zeigefinger der rechten Hand legt man ein Stück Fleisch auf diesen Fladen, rollt ihn zusammen und taucht ihn dann in den *Hommus*, einen Brei aus Kichererbsen mit Sesamöl, der dem Fleisch die richtige Würze verleiht. Syrische Kaffeehäuser wirken im Vergleich zu den winzigen Restaurants riesig. In ihnen trifft man mit etwas Glück einen würdigen Alten – wie aus Tausendundeiner Nacht – mit der *Kefiyah*, einem weißen Tuch mit Kordel, auf dem Kopf, der in orientalischer Ruhe seine Wasserpfeife schmaucht.

Die arabischen Eroberer, die im 7. Jh. vor den Toren von Damaskus erschienen, waren von der Stadt und der fruchtbaren Oase, in der sie liegt, so beeindruckt, daß sie sie in orientalischer Überschwenglichkeit „Keim aller Schönheit der Welt" nannten. Die von tiefgrünen Gärten bedeckte Ebene, die vom Barada bewässert wird, erschien den Söhnen der Wüste geradezu als das Paradies auf Erden.

Die etwa 1,3 Mio. Einwohner zählende syrische Metropole gehört zu den ältesten ununterbrochen bewohnten Städten der Erde. Im Lauf ihrer mehr als 4000jährigen bewegten Geschichte stand sie unter der Herrschaft von Ägyptern, Persern, Griechen, Römern, Arabern, Türken und, nach dem Ende des Ersten Weltkriegs, Franzosen. Seit 1946 ist sie Hauptstadt der Arabischen Republik Syrien, wichtigster Verkehrsknotenpunkt und wirtschaftliches Zentrum des Landes. Hochhäuser, großzügige Straßenanlagen und moderne Wohnviertel prägen heute das Gesicht der Stadt, deren historischer Kern mit einer Fülle bedeutender Sehenswürdigkeiten aufwartet.

In der Nähe der Suks, in denen der Tourist nur mit Mühe einen echten Damaszenerdolch unter den billigen Massenfabrikaten aus Fernost entdecken wird, befindet sich das Bauwerk, das ein Kunsthistoriker einmal den „ersten Triumph der islamischen Baukunst" genannt hat: die Omaijadenmoschee. Der Besucher, der sich diesem Bauwerk mit hochgesteckten Erwartungen nähert, muß mit Enttäuschungen rechnen, denn bei einem Brand Ende des vorigen Jahrhunderts ging ein großer Teil der einst im ganzen Orient berühmten Innenausstattung verloren. Obwohl die Restaurierung von den Türken ohne das notwendige Fingerspitzengefühl durchgeführt wurde, ist die Architektur dennoch beeindruckend. Die Moschee löste im 8. Jh. eine Säulenbasilika ab, die ihrerseits gegen Ende des 4. Jh. an der Stelle eines römischen Tempels errichtet worden war. Von dem römischen Jupitertempel gingen Teile der äußeren Umfriedung und drei Tore in der Moschee auf. Der Hof der Moschee, an drei Seiten von Säulengängen umgeben, öffnet sich an der vierten Seite zum dreischiffigen Betsaal, über dessen mittlerem Schiff sich die „Adlerkuppel" wölbt. Ursprünglich waren die Wände von vergoldeten Mosaiken und Einlegearbeiten aus Marmor bedeckt, die jedoch größtenteils dem verheerenden Brand von 1893 zum Opfer fielen. Die Moschee besitzt drei Minarette, von dem höchsten, dem sogenannten Jesusminarett, soll einer moslemischen Legende zufolge Jesus am Tag des Jüngsten Gerichts herabsteigen.

In der unmittelbaren Umgebung der Omaijadenmoschee sind drei Bauwerke besonders sehenswert: die Medrese Adiliye, im Jahr 1219 als Grabmal für Saladins Bruder

▲ *Von den Flachdachhäusern, die sich an die Felswände von Maalula schmiegen, sind einige in hellblauen Farben bemalt. Maalula gilt als eines der sehenswertesten Felsendörfer Syriens.*

▲ *Die traditionelle Kopfbedeckung der Araber ist dem Leben in der Wüste angepaßt: die Kefiyah, ein großes Tuch, das von einem Band oder einer Kordel gehalten wird. Es schützt ebenso vor der brennenden Sonne wie vor Staub und Wind.*

Malik Al Adil erbaut, die Medrese Zahiriye, letzte Ruhestätte des siegreichen Sultans Baibars, und nicht zuletzt das Palais Azem, eines der schönsten Beispiele arabischer Kunst, benannt nach Asad Pascha Al Azem, dem türkischen Statthalter in Damaskus. In dem mit Gärten, Springbrunnen und Marmorhöfen geschmückten Palais ist heute das Museum für Syrische Volkskunst untergebracht.

Wer sich in dem Gewirr der düsteren, von hohen Mauern eingefaßten Gassen der Altstadt zurechtfindet, kann dem Christenviertel der syrischen Landeshauptstadt einen Besuch abstatten. Das Viertel wird von der *Via Recta,* der Geraden Straße, in westöstlicher Richtung durchquert. Diese antike Straße, die am Bab esch Scharqi, einem der alten Römertore von Damaskus, beginnt, ist bereits in der Apostelgeschichte (9, 11 ff.) erwähnt. In den Häusern dieses Viertels wohnen und arbeiten hauptsächlich Holzdrechsler, wahre Künstler, die den Drehmeißel mit dem großen Zeh dirigieren.

Vom Meer zur Wüste

Ein Land des Übergangs

Damaskus mit seinen Moscheen und Suks erscheint dem Besucher aus dem Westen auf den ersten Blick als eine typisch orientalische Stadt. Mehr als zwölf Jahrhunderte islamischer Herrschaft haben ihr Bild geprägt. Bei genauerer Betrachtung wirkt die Landeshauptstadt wie übrigens auch die drei nächstgrößeren Städte Syriens im Vergleich mit ihren Schwestern in anderen arabischen Ländern Vorderasiens allerdings viel „westlicher" oder doch wenigstens „mediterraner". Trotz des Sackgassengewirrs der Altstadt von Damaskus kann man in ihrem Grundriß noch das regelmäßige Schachbrettmuster der hellenistisch-römischen Stadt erahnen. Bereits im 19. Jh. und zu Beginn des 20. Jh. wurden außerhalb der Altstadt moderne Wohnviertel errichtet und – für vorderasiatische Länder ein geradezu revolutionärer Schritt – eine Höhere Mädchenschule gegründet. In den Jahren des französischen Mandats zwischen den beiden Weltkriegen gestalteten französische Stadtplaner die Außenbezirke der Metropole nach europäischem Vorbild, die dritte Phase der Verwestlichung begann schließlich nach dem Ende des Zweiten Weltkriegs.

Die Landschaften, in denen die vier größten Städte der Republik liegen, wirken gleichfalls eher mediterran, nach Osten hin nimmt das Landschaftsbild dann aber doch rasch wüstenhaftere Züge an. So gesehen ist Syrien im Bild seiner großen Städte und der städtischen Kultur sowie in der Landesnatur ein ausgesprochenes Land des Übergangs zwischen dem Mittelmeerraum und dem islamisch-orientalischen Kulturerdteil.

Palmyra

Die Ruinenstadt in der Wüste

Die Straße von Homs nach Palmyra durchquert eine trostlose Geröllwüste. Plötzlich erscheint am Wüstenhorizont, meilenweit von jeder menschlichen Ansiedlung entfernt, auf einem Kreideplateau ein arabisches Kastell. Es bewacht die Ruinen einer uralten Stadt, die bereits auf einer Schrifttafel aus dem 19. Jh. v. Chr. genannt wird und ursprünglich Tadmor hieß: Palmyra. Die Überreste dieser Stadt, darunter ein griechisches Theater (2. Jh. n. Chr.), eine Agora, die einst mit 200 Bronzestandbildern geschmückt war, eine große Säulenstraße (Kolonnade), Symbol der wirtschaftlichen Macht Palmyras, und nicht zuletzt der Tempel des Baal, gehören zu den großartigsten

Baudenkmälern der Antike auf syrischem Boden. Für eine Besichtigung der Stadt, über die seit 266 n. Chr. die resolute Königin Zenobia herrschte, sollte man mindestens zwei Tage ansetzen. Die ruhmreiche Zenobia, die nach dem Tod ihres Mannes, des Fürsten Odaenathus, die Regentschaft übernommen hatte, wußte Palmyra zu einem bedeutenden Machtfaktor im Orient auszubauen und trotzte im Anschluß an ihre erfolgreichen Feldzüge nach Ägypten und Kleinasien sogar den mächtigen Römern. Erst Kaiser Aurelian konnte die Streitmacht Zenobias schlagen und Palmyra Mitte des Jahres 272 einnehmen.

Wie konnte sich solch eine blühende Stadt mitten in der Wüste entwickeln? Die Antwort lautet: durch ihre geographische Lage im Grenzgebiet zwischen dem Römischen Reich und dem Partherreich sowie, damit zusammenhängend, durch den Fernhandel. Palmyra lag von alters her im Schnittpunkt wichtiger Handelsstraßen zwischen dem Orient und Okzident. Die mit Seide, Gewürzen und Weihrauch beladenen Karawanen machten auf ihrem Weg von Indien, Persien und der Arabischen Halbinsel ins Abendland hier halt. Auf dem Rückweg kauften die Händler aus Asien bei ihren Kollegen in Palmyra phönikische Wolle, Wein, Parfüms und Salzfisch aus dem Mittelmeer ein. Der Wohlstand, den der Handel der Wüstenstadt bescherte, zog wiederum Künstler und Gelehrte an, und Palmyra entwickelte sich auf diese Weise auch zu einem kulturellen Umschlagplatz.

▲ *An den korinthischen Säulen der großen Kolonnade von Palmyra sind auf etwa halber Höhe Konsolen angebracht. Auf ihnen standen ursprünglich Standbilder palmyrischer Würdenträger.*

Der Euphrat

Die Wüste lebt

Die Wasser des Euphrat bringen Leben in die syrische Wüstensteppe, machen seine Ufer fruchtbar und ermöglichen den lebensnotwendigen Bewässerungsfeldbau. Am Mittellauf des Flusses, nicht weit von der irakischen Grenze entfernt, liegt die Grabungsstätte Tell Hariri, die den Besucher bis in die Zeit um 3000 v. Chr. zurückführt, als hier mit Mari einer der ersten Stadtstaaten Mesopotamiens entstand. Mari wurde vor allem durch den Handel mit Zinn, Kupfer, Holz, Öl und Wein wohlhabend. Von seinem sagenhaften Reichtum zeugen die Überreste des Königspalastes mit über 300 Räumen und die bei den Grabungen zutage geförderten Kunstschätze. Die Menschenfiguren, Schrifttafeln und anderen Kunstgegenstände befinden sich heute größtenteils im Nationalmuseum von Damaskus.

Wenn man der Straße am rechten Ufer des Euphrat stromaufwärts folgt, gelangt man über Raqqa, der als Nikephorion von Seleukos I. gegründeten Provinzhauptstadt, zu der in den 70er Jahren aus dem Boden gestampften Stadt Tabakah, die ihre Existenz dem Euphratprojekt verdankt, dessen Kernstück der Assadstausee bildet. Der Bau des Staudamms war – ähnlich wie beim Assuanstaudamm in Ägypten – eine große Herausforderung für die Archäologen, denn viele unerforschte Ruinenstätten sollten unwiederbringlich unter dem Wasserspiegel des Stausees verschwinden. Die antike Stadt Barbalissos, im Altertum ein wichtiger Verkehrsknoten zwischen Mesopotamien und der syrischen Mittelmeerküste, liegt heute unter Wasser. Das Minarett einer mittelalterlichen Moschee dieser Siedlung wurde jedoch abgetragen und am Seeufer wieder errichtet. Aus der römischen Grabkammer von Anab as-Safina retteten die Archäologen wertvolle Skulpturen, die jetzt in der Burg Qalaat Djabar ausgestellt sind. Die Burg selbst, eine imposante Festung mit 35 Türmen und einem doppelten Mauerring, ist heute über einen aufgeschütteten Damm zu erreichen.

◀ *Das Theater von Palmyra befindet sich im Gegensatz zu den meisten anderen antiken Theatern Syriens nicht am Stadtrand, sondern im Zentrum. Seine Bühne wird an der Rückseite von einer Wand mit wuchtigen Säulen abgeschlossen.*

▶ *Die Zitadelle von Aleppo gilt als Meisterwerk islamischer Festungsbaukunst. Vor dem eigentlichen Tor befindet sich eine Bastei mit einem schmalen Portal. Sie verhinderte, daß das Tor von Angreifern mit Sturmböcken gerammt werden konnte.*

▲ *Die berühmten Zedernwälder des Libanon wurden schon im Altertum zum größten Teil abgeholzt. Größere Zedernbestände trifft man heute nur noch in wenigen staatlich geschützten Gebieten im Nordlibanon an.*

Libanon

15 Jahre lang wurde das Land am östlichen Mittelmeer von blutigen Unruhen erschüttert. Seit Ende 1990 ist der Bürgerkrieg beendet, lediglich in der sogenannten „Sicherheitszone" finden noch Kämpfe statt.

Das Land, mit 10 400 km² nur halb so groß wie Hessen, ist nach dem über 3000 m hohen Gebirge benannt, das jenseits der schmalen Küstenebene von Nord nach Süd parallel zur Küste verläuft. Dahinter erhebt sich eine weitere Gebirgskette, der Antilibanon, der eine Höhe von etwa 2600 m erreicht. Zwischen den beiden Gebirgszügen erstreckt sich die fruchtbare Bekaa-Hochebene.

Der Libanon blickt auf eine bewegte Vergangenheit zurück, deren Spuren man noch heute in der Schlucht Nahr el-Kalb nördlich von Beirut findet: Ägyptische, assyrische, römische, griechische, arabische, französische und englische Feldherren ließen Inschriften in die Felswände dieser Schlucht meißeln, die an ihre Triumphe erinnern. Diese Inschriften und die Schlagzeilen in der Presse zeichnen jedoch nur ein unvollständiges Bild des Libanon: das kleine Land war nicht – wie man vielleicht annehmen könnte – ein ständiger Kriegsschauplatz, sondern im Gegenteil jahrzehntelang ein gelungenes Beispiel einer multikulturellen Gesellschaft, das für viele Länder in der Welt als Vorbild diente. Die Spannungen, die in den 70er Jahren zum Bürgerkrieg führten, sind einerseits auf die Großmächte zurückzuführen, die den Libanon früher beherrschten, andererseits wurzeln sie in der konfessionellen Zersplitterung der Bevölkerung, oft wurden sie aber auch von anderen Staaten und Kräftegruppen, die im Libanon ihre eigenen Interessen verfolgten, zielstrebig angeheizt. Da die unterschied-

▲ *Ziegen- und Schafherden, für die Bauern in den verkarsteten Gebirgen des Libanon oft die einzige Existenzgrundlage, sind für die Umwelt sehr problematisch, da sie die Landschaft buchstäblich kahlfressen.*

liche konfessionelle Bindung der Bevölkerung – vor allem Christen und Moslems (Schiiten, Sunniten und Drusen) – gleichzeitig die politische Ausrichtung bestimmte, wurden gemäß einem Abkommen sämtliche Regierungsämter nach einem Proporzsystem auf diese religiösen Gruppen verteilt. Der Interessenkonflikt zwischen Christen und Moslems war vorprogrammiert; er kam zum offenen Ausbruch, als sich die Bevölkerungsanteile zugunsten der Moslems änderten und diese den politischen Einfluß forderten, der ihrer neuen Stärke entsprach. Neben den regulären libanesischen Streitkräften und den verschiedenen einheimischen Milizen waren (und sind teilweise auch noch heute) die syrische Armee – seit Mai 1991 ist Syrien Schutzmacht des Libanon – israelische Truppen, Kämpfer der PLO (Palästinensische Befreiungsorganisation) und der radikalen schiitischen Organisation Hisbullah die Hauptakteure auf dem libanesischen Schlachtfeld. In der 15 km breiten „Sicherheitszone", die Israel im Süden besetzt hält, kommt es auch heute noch immer wieder zu schweren Gefechten, vor allem zwischen der israelischen Armee und der Hisbullah, der „Partei Gottes". Der befriedete Teil der libanesischen Republik erholt sich nur langsam von den Folgen des Krieges; mehrfach kam es schon zu Massenprotesten gegen den Anstieg der Lebenshaltungskosten.

▶ *Ein Hirte aus der Gegend um Hermel am Nordrand der Bekaa, der weiten Hochebene, die den Libanon vom Antilibanon trennt*

Beirut

Eine Stadt im Aufschwung

Die eingangs erwähnten Inschriften in der Schlucht Nahr el-Kalb, die aus der Zeit vom 13. Jh. v. Chr. bis zum Ende des Zweiten Weltkriegs stammen, sind historische Dokumente von unschätzbarem Wert. Das zerklüftete Felsmassiv bewahrte sie jahrhundertelang vor der Zerstörung, heute stehen sie unter Denkmalschutz. Beirut, das heute etwa zwei Fünftel der 3,3 Mio. Libanesen beherbergt, wurde erstmals auf Keilschrifttafeln aus dem 16. Jh. v. Chr. erwähnt, die man bei Ausgrabungen in Tell el-Amarna in Ägypten entdeckte. Beirut überlebte mehrere harte Schicksalsschläge, zuletzt den seit 1975 wütenden Bürgerkrieg; erst nach dem Abzug der letzten christlichen Milizen aus Beirut Ende 1990 fallen die Sperren in der Stadt. Im Jahr 551 wurde die einst Berytos genannte Stadt durch ein verheerendes Erdbeben zerstört, nachdem sie bereits im 2. Jh. n. Chr. einem Sturm und einige Zeit später einer Feuersbrunst zum Opfer gefallen war. Im 9. Jh. verwüstete ein weiteres Erdbeben die Stadt, 1110 wurde sie von den Kreuzrittern geplündert, 1840 von der britischen Flotte beschossen und seit dem Ausbruch des Bürgerkriegs oftmals bombardiert. Das in den Bürgerkriegswirren zerstörte Zen-

▲ *Die Bevölkerung des Libanon ist in viele religiöse Gruppen zersplittert, die sich oft feindselig gegenüberstehen. Vier große Glaubensgemeinschaften gibt es allein bei den Christen. Die zweitstärkste unter ihnen bilden die griechisch-orthodoxen Christen, die dieses Nonnenkloster im Gebirge gegründet haben.*

trum wird im Auftrag der libanesischen Regierung vom „Rat für Entwicklung und Wiederaufbau" wieder errichtet. Die Demarkationslinie zwischen dem christlichen und dem muslimischen Teil der Stadt existiert nicht mehr. Jeder Flüchtling hat das Recht, nach Hause zurückzukehren.

Die Geschichte Beiruts kennt auch glänzende Zeiten, etwa im 6. Jh. n. Chr., als die Stadt das Zentrum des Seidenhandels und der Seidenweberei war; im 16./17. Jh. unter der Führung des Emirs Fakhr ed-Din, der Beirut zu seiner Lieblingsresidenz wählte und den Handel mit Venedig und anderen europäischen Seemächten förderte; im 19. Jh., als sich viele christliche Flüchtlinge aus Syrien in der Stadt niederließen und einen neuen Wirtschaftsaufschwung einleiteten; schließlich in diesem Jahrhundert, in dem sich Beirut dank der reichlich fließenden Dollarmilliarden aus dem Erdölgeschäft zum Finanzzentrum des Nahen Ostens entwickelte.

Die Libanesen gelten von jeher als besonders erfolgreiche Kaufleute, und einige Bereiche der Wirtschaft verzeichnen nach Ende des Bürgerkriegs erstaunlich hohe Zuwachsraten. Das Leben in Beirut pulsiert wieder.

▲ *Die Landeshauptstadt Beirut liegt auf einer niedrigen Landzunge am Fuß des Libanon. Ihr Naturhafen gehört zu den besten des östlichen Mittelmeers.*

Auch wenn der Weg bis zum „Paris des Orients" noch weit sein wird, beurteilen Experten die Zukunft des Libanon optimistisch, denn das wichtigste Gut ist dem Land geblieben: die Lage im Grenzsaum dreier Kontinente, die den Libanon zum natürlichen Vermittler im Handelsverkehr zwischen Europa, Asien und Afrika macht.

Tyrus

Königin der Meere

Vor dem Ausbruch des Bürgerkriegs war der landschaftlich äußerst reizvolle Libanon eines der beliebtesten Reiseländer Vorderasiens. Eilige Touristen begnügten sich mit dem Besuch der „drei Bs", also Beiruts, Byblos', Baalbeks, und verzichteten auf eine Besichtigung der im Süden am Mittelmeer gelegenen Bezirkshauptstadt Sur – heute ein verschlafenes Provinznest, im Altertum jedoch als Tyrus eine blühende Handelsstadt der Phöniker. Den Berichten Herodots zufolge wurde sie um 2750 v. Chr. gegründet und stand in den ersten Jahrhunderten noch im Schatten der Schwesterstadt Sidon; ihre eigentliche Blütezeit begann um 1000 v. Chr. unter König Hiram I., einem Verbündeten der jüdischen Könige David und Salomo, der die auf einer Insel befindliche Stadt ausbauen und durch aufgeschüttete Dämme mit einer benachbarten Insel sowie dem Festland verbinden ließ.

In seiner Glanzzeit war Tyrus die bedeutendste Handelsmetropole der Alten Welt, wurde doch von hier aus ein riesiges Kolonialreich mit phönikischen Faktoreien und Städten an den Küsten des Mittelmeers beherrscht. Der Reichtum der Stadt lockte immer wieder fremde Heere an. Als die Angriffe von der Landseite her überhandnahmen, zerstörten ihre Bewohner den Damm zum Festland und verschanzten sich auf ihrer Insel. Die angeblich mehr als 50 m hohen Stadtmauern hielten jahrelangen Belagerungen stand. Erst im Jahr 332 gelang es Alexander dem Großen, Tyrus einzunehmen, nachdem er in siebenmonatigen Anstrengungen einen Damm vom Festland zur Insel hatte aufschütten lassen, um mit seinen Kriegsmaschinen bis an den Fuß der Mauern zu gelangen. Die Einwohner wurden umgebracht oder in die Sklaverei verschleppt, die Stadt zu großen Teilen zerstört. Tyrus' Ruhm als „Königin der Meere" war erloschen.

Die libanesischen Archäologen, die in mühsamer Kleinarbeit die Überreste der antiken Stadt freilegten, konnten in den vergangenen Jahren einige bedeutende Entdeckungen machen. Bereits im vorigen Jahrhundert hatte man versucht, die Topographie der Inselstadt zu klären, was sich jedoch durch die Versandung der Küste als äußerst schwierig erwies. Eine große Landzunge, von der man annahm, sie wäre auf natürliche Weise entstanden, entpuppte sich z. B. als der Damm, den Alexander der Große hatte aufschütten lassen.

Systematische Grabungen begannen indes erst Ende der 30er Jahre dieses Jahrhun-

▶ *Unter der Herrschaft der Römer ließen sich die reichen Bürger von Tyrus in Sarkophagen bestatten, die aus Griechenland importiert wurden. Die Archäologen entdeckten bei Ausgrabungen in der Nekropole der antiken Stadt viele reichverzierte Prunksärge.*

▲ *Diese römische Straße verläuft quer durch die Nekropole von Tyrus. Rechts hinter der Säulenreihe befinden sich die Überreste eines Aquädukts. Der Triumphbogen stammt ebenfalls aus der Zeit der Römer, die Tyrus im Jahr 64 v. Chr. erobert hatten.*

derts. Nach dem Zweiten Weltkrieg wurden die Untersuchungen von den libanesischen Behörden mit großem Engagement vorangetrieben, vermutlich in der Hoffnung, Tyrus über Baalbek hinaus zu einer weiteren touristischen Attraktion machen zu können.

Die Grabungen, bei denen auch Taucher zu Hilfe gezogen wurden, förderten sehenswerte Reste antiker Bauten zutage, so etwa den alten Hafen mit Kaimauern und vier Hafenbecken. Der spektakulärste Fund war jedoch eine gewaltige Mole, die die Einfahrt zu einem zweiten Hafen vor der Brandung schützte. Die 2500 m lange Mole wurde durch eine Fahrrinne ergänzt, die bis zu 12 m tief ausgegraben war. Das Bauwerk überraschte die Experten nicht nur durch seine enormen Dimensionen, sondern vor allem durch das verwendete Baumaterial: riesige Gesteinsblöcke, die weitaus schwerer waren als diejenigen Lasten, die man nach dem bisherigen Forschungsstand mit damaligen Transportmitteln bewegen konnte. Die Vermutung, es könnte sich bei den Blöcken um Felsbrocken handeln, die durch die Kraft der Brandung gelockert wurden, erwies sich als falsch, da das Gestein eindeutig von einem anderen Ort stammte und also zum Bau der Mole herbeigeschafft worden sein mußte. Der Hafen erwies sich damit als das erste große Hafenbauwerk am Mittelmeer. Leider senkt sich der Erdboden in diesem Abschnitt der Mittelmeerküste, so daß die eindrucksvollen Hafenanlagen nur von Tauchern bewundert werden können.

Das antike Stadtgebiet selbst liegt teilweise unter einer dünnen Sandschicht. Die Lage der Palästra, der damaligen Ringer- und Fechtschule der Stadt, ist noch an neun Granitsäulen zu erkennen. Sehenswert ist die antike, gut erhaltene Nekropole.

Während des Bürgerkriegs wurde der Grabungsbezirk mehrfach geplündert; im Jahr 1982 nahm z. B. die israelische Armee zahlreiche wertvolle Funde aus Tyrus mit, und einheimische Geschäftemacher verkauften viele Kunstobjekte ins Ausland. Heute versucht die libanesische Regierung mit Hilfe der UNO, die Stücke wieder in den Libanon zurückzuholen.

Sidon

Purpurschnecken und Sarkophage

An die Epoche der Kreuzzüge erinnert in der südlibanesischen Hafenstadt Saida, dem antiken Sidon, ein Kastell aus der Kreuzfahrerzeit, der Qalaat el Bahr (Seekastell), der um 1230 hastig erbaut wurde, um die Landung des von Friedrich II. geführten Kreuzfahrerheeres vorzubereiten. Obwohl das Seekastell, das durch eine steinerne Brücke mit dem Festland verbunden ist, zu den kleineren Festungen zählt, kam ihm durch seine Lage auf einer Insel am Eingang des Hafens strategische Bedeutung zu. Die Kreuzritter konnten diesen Brückenkopf bis zum Jahr 1291 halten.

Gemessen an der jahrtausendealten Geschichte Sidons, war die Kreuzfahrerzeit allerdings nur ein kurzes Intermezzo. Bereits die Geschichtsschreiber des Altertums priesen Sidon als eine der ältesten und bedeutendsten Städte Phönikiens. Das Handelszentrum wurde in den Ländern rund um das Mittelmeer vor allem durch zwei sehr unter-

▲ *In dem kunstvoll verzierten Holzerker saß einst Emir Bechir II. und lauschte den Rezitationen der Poeten, die im Innenhof seines im vorigen Jahrhundert errichteten Palastes bei Beit Eddine ihre Dichterwettkämpfe austrugen. Über 30 Jahre lang herrschte der Emir, der heimlich der maronitischen Glaubensgemeinschaft beigetreten war, über den Libanon.*

schiedliche Produkte bekannt: Purpur und Sarkophage.

Der Purpurfarbstoff wurde aus den Gehäusen im Meer vorkommender Stachel- oder Purpurschnecken *(Muricidae)* gewonnen, offensichtlich bereits in industriellem Maßstab, denn die zerbrochenen Schalen der Schnecken türmen sich noch heute zu einem Hügel von fast 50 m Höhe auf. Die zweite „Spezialität" Sidons, plastische, der Menschengestalt nachgebildete Marmorsarkophage, deutet hinüber nach Ägypten, wo die Pharaonen von alters her in derartigen Sarkophagen zur letzten Ruhe gebettet wurden.

Unter dem Einfluß der Griechen begannen die phönikischen Steinmetze, ihre Sarkophage den in Griechenland üblichen, klassisch einfacheren Formen anzupassen. In der Kunstgeschichte ist der Name „Sidon" mit

◀ *Auf einer kleinen Felseninsel am Eingang zum Hafen von Sidon errichteten Kreuzfahrer ein Seekastell, das durch eine steinerne Brücke mit dem Festland verbunden ist.*

drei Sarkophagen verbunden, die dort im vorigen Jahrhundert gefunden wurden und jetzt der Stolz des Archäologischen Museums in Istanbul sind: der Alexandersarkophag, der sogenannte Klagefrauensarkophag (mit 18 Frauengestalten) sowie der Satrapensarkophag (5. Jh. v. Chr.). An diesen Meisterwerken kann man erkennen, wie weit sich hellenistisches Kunstverständnis damals schon in der phönikischen Oberschicht durchgesetzt hatte.

Beit Eddine und Dschubail

Höhepunkte der libanesischen Geschichte

Das „Paradies auf Erden" – Klischee und Wunschbild zugleich; wenn ein Ort diesem Ideal nahekommen sollte, dann der Palast, den Emir Bechir II. (1788–1840) im Bergland südöstlich von Beirut bei Beit Eddine errichten ließ. Der Palast, im frühen 19. Jh.

erbaut und zwischen 1953 und 1970 Sommerresidenz des libanesischen Präsidenten der Republik, vereint in sich alle Vorzüge der islamischen Profanarchitektur: zeitlose Eleganz, geschmackvolle Schlichtheit, Intimität und Harmonie.

Knapp 40 km nördlich von Beirut, direkt an der Straße nach Tripoli, liegt das Städtchen Dschubail. Hier trifft der Besucher auf die spärlichen Überreste einer der ältesten Städte Vorderasiens: des antiken Byblos. Einer Sage zufolge soll es die älteste Stadt der Welt sein. Wie wir heute allerdings wissen, gebührt dieser Titel eher Jericho oder dem türkischen Çatal Hüyük.

Die Ruinen der alten Stadt, die man vom Bergfried der Kreuzritterburg aus gut überblicken kann, sind verwirrend und stellen die Fachleute noch vor große Rätsel. Von den ältesten Bauten, die wahrscheinlich schon im 3. Jt. v. Chr. entstanden sind, blieben u. a. Teile der Stadtmauer, eine phönikische Nekropole und nicht zuletzt auf der Akropolis die Ruinen von drei Tempeln erhalten; der Tempel der Balat Gubla reicht mit seinen ältesten Teilen bis in die zweite Hälfte des 3. Jt. v. Chr. zurück, das bedeutendste Bauwerk ist jedoch der Obeliskentempel, der aus dem 19./18. Jh. v. Chr. stammt. Er umschließt einen Innenhof mit einem Opferaltar und einem leicht erhöhten Heiligtum, das von Obelisken (frei stehenden Säulen) umgeben ist. In Vorderasien hat diese Form der Kultstätte eine jahrtausendealte Tradition, gegen die bereits die Propheten des Alten Testaments wetterten.

Tripoli

Die Stadt aus drei Städten

Der griechische Name der Hafenstadt im Norden des Libanon bedeutet „drei Städte“. Früher war Tripoli nämlich streng in drei von hohen Mauern umgebene Stadtviertel unterteilt, in denen Sidonier, Tyrer und Zuwanderer aus Arados lebten. Die Bauten aus dieser Zeit sind bis auf die Grundmauern zerstört, das Bild der Altstadtviertel wird von Bauwerken geprägt, die nach einer Erdbebenkatastrophe im frühen 6. Jh. n. Chr. entstanden. Wahrzeichen der mit 175 000 Einwohnern (vornehmlich Moslems) zweitgrößten Stadt des Libanon ist die Burg Raimunds von Toulouse, eine der eindrucksvollsten Festungen, die die Kreuzritter in Vorderasien errichteten. Von der ursprünglichen Anlage aus dem frühen 12. Jh. sind in-

▶ *Byblos gehört zu den ältesten Städten der Welt, im Alten Testament wird es unter dem Namen Gebal erwähnt. Die schlanken Säulen auf der Akropolis stammen allerdings aus römischer Zeit.*

▲ *Wildkräuter und Sträucher überwuchern die Gräber der phönikischen Nekropole von Byblos. In den unterirdischen Grabkammern, von denen einige geplündert waren, fand man die sterblichen Überreste phönikischer Könige sowie reiche Grabbeigaben.*

des nur Bruchstücke erhalten; nach der Einnahme der Stadt durch die Moslems wurde die Burg im frühen 14. Jh. und später dann im 16. Jh. erneuert. Während der Herrschaft der Kreuzritter, die rund 180 Jahre andauerte, entwickelte sich Tripoli zu einem Handels- und Kulturzentrum am östlichen Mittelmeer. Neben der Seidenweberei brachte der Export von Kamelhaardecken, Pelzen und Straußenfedern (mit denen die Kreuzritter ihre Helme schmückten) der Stadt großen Wohlstand. Nach dem Fall der Festung am 28. April 1289 herrschten die Mamelucken und ab 1516 die Osmanen über Tripoli, das mit seinen zahlreichen Koranschulen zur Hochburg des sunnitischen Islam wurde. Zum Schutz gegen die Kreuzritter, die ihren „Heiligen Krieg" gegen die Muselmänner von Zypern und anderen Mittelmeerinseln aus fortsetzten, errichteten die islamischen Herrscher in Tripoli mehrere Wehrtürme, darunter den Löwenturm, der aus dem 15. Jh. stammt und als eines der besten Beispiele islamischer Verteidigungsbaukunst gilt. Die Große Moschee wird ebenfalls den islamischen Eroberern zugeschrieben, in Wirklichkeit jedoch dürfte es sich bei ihr um die einstige Marienkathedrale der Kreuzritter handeln, die zwei Jahre vor der Eroberung durch ein Erdbeben teilweise zerstört und später von den Söhnen des Propheten in eine Moschee umgewandelt worden war.

Heute gehört Tripoli zu den wirtschaftlich stärksten und modernsten Städten im Libanon. Der Export von irakischem Erdöl, der der Stadt früher Deviseneinnahmen bescherte, ist allerdings seit Jahren gestoppt, weil sich Bagdad und Damaskus nicht über die Gebühren einigen konnten und durch die Pipeline Kirkuk–Tripoli nun kein Öl mehr fließt. Der alte Hafen Al Mina, 3 km nordwestlich von Tripoli auf einer felsigen Landzunge gelegen, ist nur noch ein pittoreskes Überbleibsel der mehr als 3000jährigen Stadtgeschichte. Die Szenerie der Stadt wird heute von modernen Bauwerken beherrscht, unter denen sich Objekte des berühmten brasilianischen Architekten Oscar Niemeyer befinden: Die Stadtväter hatten ihn damit beauftragt, die Gebäude der Internationalen Handelsmesse zu entwerfen.

▲ *Im Jahr 1104 wurde Byblos von den Kreuzrittern erobert. Sie hinterließen außer einer stattlichen Burg die Kirche Johannes' des Täufers, ein dreischiffiges Bauwerk mit drei Apsiden.*

Baalbek

Tempelstadt der Bekaa

Den Römern verdankt der Libanon seine bedeutendste Kultstätte: die Tempelstadt Baalbek am Rand der fruchtbaren Bekaa-Ebene, die schon des öfteren als Schauplatz der Gefechte zwischen den verschiedenen am Libanonkonflikt beteiligten Parteien Schlagzeilen machte. Sie war bereits in phönikischer Zeit Kultstätte des Sonnengottes Baal, den die Griechen mit ihrem Sonnengott Helios gleichsetzten und die Römer mit ihrem Gott Jupiter verbanden. Römische Kaiser ließen Baalbek im 2./3. Jh. n. Chr. zur größten Tempelstadt Vorderasiens ausbauen. Der Tempelbezirk mit dem Jupitertempel und dem vorzüglich erhaltenen Venustempel sowie weiteren antiken Bauten ist etwa viermal so groß wie die Akropolis in Athen. Die byzantinischen Kaiser ließen die Tempel dann schließen und Altäre sowie Götterbilder zerstören. Mehrere Erdbeben warfen Dutzende von Säulen um, nachfolgende Generationen plünderten die Tempelstadt aus, und die Araber errichteten auf ihren Fundamenten eine Zitadelle. Im 13. Jh. fielen die Mongolen in Baalbek ein und zerstörten die Stadt. Zu Beginn unseres Jahrhunderts wurden die Ruinen von deutschen Archäologen freigelegt. Vom Großen Tempel, einem monumentalen Komplex, der dem römischen Gott Jupiter geweiht war, sind außer sechs aufrecht stehenden, gewaltigen Säulen nur noch Bruchstücke erhalten. Von den ursprünglich 44 etwa 18 m hohen Säulen des Bacchustempels stehen noch über die Hälfte.

▶ *Die Ruinen des antiken Byblos zeugen von der bedeutenden Vergangenheit der Stadt. Die ältesten Bauten, die die Archäologen bei ihren Ausgrabungen freilegen konnten, reichen bis in das 3. Jt. v. Chr. zurück.*

▶ *Die syrischen Baumeister, die zu Beginn des 8. Jh. in Anjar den Palast für den Omaijadenkalifen Walid I. errichteten, griffen auf römische Säulen zurück.*

▲ *Bethlehem, die Geburtsstadt von Jesus Christus, ist eine der wichtigsten Pilgerstätten der Christen aller Konfessionen.*

Israel

Ein heiliges, gelobtes Land, für Juden ebenso wie für Christen und Moslems. Aber auch ein Land, das seit der Gründung des jüdischen Nationalstaats vor annähernd einem halben Jahrhundert immer wieder Schauplatz blutiger Kriege war.

Die Gründung des Staates Israel am 14. Mai 1948 war eines der wichtigsten Ereignisse in der vieltausendjährigen Geschichte des jüdischen Volkes: Nach fast zwei Jahrtausenden der Diaspora, nach zahllosen Verfolgungen und der Ermordung von rund 6 Mio. Juden in Gaskammern und Konzentrationslagern erhielt es wieder eine nationale Heimstätte in seinem angestammten biblischen Heimatland. Das Gebiet in Palästina zwischen dem Libanon im Norden, dem Jordan im Osten, der gebirgigen Negevwüste im Süden und dem Mittelmeer im Westen, das die Vereinten Nationen für das jüdische Volk ausersehen hatten, war allerdings nicht menschenleer, sondern seit Menschengedenken von Arabern besiedelt, die die Juden als Eindringlinge betrachteten und sich gegen die Gründung eines jüdischen Staates wehrten. Bereits einen Tag nach der Ausrufung des jungen Staates wurde Israel von den angrenzenden arabischen Staaten und dem Irak angegriffen. Im Verlauf des Krieges, der von 1948 bis 1949 in Palästina wütete, flohen Hunderttausende von palästinensischen Arabern in die arabischen Nachbarländer, wo ein Großteil von ihnen in Flüchtlingslagern hauste und noch heute auf die Rückkehr in die Heimat wartet. Die gespannte Lage wurde durch drei größere Kriege und ungezählte Terroranschläge der palästinensischen Araber, die regelmäßig mit Vergeltungsmaßnahmen Israels beantwortet werden, noch verschärft. Mehr als vier Jahrzehnte lang schien eine friedliche Lösung des Nahostkonflikts aussichtslos. Doch im

▲ *Im Josaphat-Tal bei Jerusalem, das im obersten Abschnitt des Kidrontals liegt, sollen angeblich David, Salomo und andere jüdische Könige begraben sein.*

Herbst 1991 setzten sich Israelis und Araber im Rahmen der Nahostfriedenskonferenz erstmals zu offiziellen Gesprächen an einen Tisch. Inhalte der Verhandlungen waren u.a. die israelische Siedlungspolitik in den besetzten Gebieten und die Forderung der Palästinenser nach einem eigenen Staat.

Die Geburt des Staates Israel

Proklamation der Unabhängigkeit

Die biblische Zeit mit der Landnahme durch israelitische Stämme und Philister begann um 1200 v. Chr. In der Zeit von 1000 bis etwa 700 v. Chr. bestanden die ersten israelitischen Nationalstaaten. Der Höhepunkt dieser Epoche wird durch das glanzvolle Reich König Salomos markiert, der von 965 bis 926 v. Chr. regierte. Nach Salomos Tod zerfiel das Reich in zwei Staaten: Israel im Norden mit der Hauptstadt Samaria und Judäa im Süden mit Jerusalem als Zentrum. 720 v. Chr. wurde das Königreich Israel von Assyrien erobert, und der Staat Judäa fiel 587 v. Chr. den Babyloniern zum Opfer. Die überlebenden Einwohner wurden ins Exil nach Babylon verschleppt. Ein Teil der Deportierten kehrte 538 v. Chr. nach dem Sieg der Perser über die Babylonier zurück und gründete die Provinz Judäa, die nun zum Persischen Reich gehörte. Die Einwohnerzahl Judäas war gering, und nach der Eroberung des Persischen Reichs durch Alexander den Großen (332 v. Chr.) verlor Judäa zudem noch seine bescheidene Selbständigkeit. Als römische Provinz konnte es im ersten vorchristlichen Jahrhundert beschränkte Autonomie gewinnen. Die strenge Herrschaft der Römer führte jedoch bald zu Aufständen, die 70 n. Chr. mit der totalen Zerstörung Jerusalems und des Tempels endeten. Die Römer verbannten einen Großteil der Bevölkerung, teilten das Land in mehrere Provinzen auf und gaben ihm den neuen Namen „Palästina“. Erst rund 1880 Jahre später entstand wieder ein neuer jüdischer Staat.

Aufgrund des wachsenden Antisemitismus in Europa Mitte des 19. Jh. und besonders der Judenverfolgungen in Rußland entstanden dort erste zionistische Bewegungen. Jüdische Studenten aus Charkow gaben den Anstoß zur Gründung landwirtschaftlicher Siedlungen in Palästina wie Petah Tiqwa (1878), Rishon Le Zion (1882), Rehovot (1890), die zwei letzteren heute im Ballungsgebiet von Tel Aviv, und Rosh Pinna (1882) in Galiläa. Die *Moshavot* genannten Siedlungen entwickelten sich später meist zu Städten. Herausragender Begründer und Kopf des politischen Zionismus war der jüdische Schriftsteller Theodor Herzl, 1860 in Budapest geboren, später Auslandskorrespondent in Paris, wo 1894 die Dreyfusaffäre zum entscheidenden Erlebnis für ihn wurde. Sein 1896 erschienenes Buch *Der Judenstaat,* in dem er die Gründung eines selbständigen jüdischen Nationalstaates forderte, wurde zur Charta des Zionismus.

Der zweite Schritt auf dem Weg zur Bildung eines jüdischen Staates war die sogenannte Balfour-Deklaration vom 2. November 1917, in der die britische Regierung ihre Unterstützung bei der Gründung „einer nationalen Heimstätte für das jüdische Volk in Palästina“ zusicherte. Während der britischen Mandatszeit in Palästina ab 1920 nahm die Einwanderungswelle von Juden unter dem Druck des nationalsozialistischen Regimes in Deutschland stark zu. Hatten 1918 im Mandatsgebiet nur 56 000 Juden gelebt, so war der Anteil der jüdischen Bevölkerung Palästinas 1936 – durch die Rassenverfolgungen in Deutschland – bereits auf 384 000 Menschen angewachsen. Die Masseneinwanderung wurde zunächst von der britischen Mandatsregierung gefördert, aber der Widerstand der arabischen Bevölkerung gegen die jüdische Einwanderung wuchs, und als 1936–1939 ein arabischer Volksaufstand gegen Juden und Engländer ausbrach, sahen sich die Briten gezwungen, die Zahl der jüdischen Einwanderer drastisch zu begrenzen. Gemäß einem 1939 veröffentlichten britischen Weißbuch sollten in den folgenden fünf Jahren nur noch insgesamt 75 000 Menschen einwandern dürfen; danach sollte die Einwanderung nur noch mit Zustimmung der palästinensischen Araber möglich sein.

Nach dem Zweiten Weltkrieg bat die Mandatsregierung die Vereinten Nationen um Mithilfe bei der Lösung der Probleme in Palästina. Die UNO entsandte eine Untersuchungskommission, die in ihrem Bericht anregte, Palästina in einen jüdischen und einen arabischen Staat aufzuteilen, mit einer internationalen Enklave in Jerusalem. Dieser Vorschlag wurde am 29. November 1947 von der Vollversammlung der Vereinten Nationen beschlossen. Während die jüdische Führung den Beschluß annahm, lehnten ihn die Araber grundsätzlich ab. Bereits vor dem Beschluß der UNO hatte Großbritannien erklärt, sein Mandat in Palästina einseitig aufgeben zu wollen. Die letzten britischen Truppen verließen am 14. Mai 1948 das Land.

Noch am selben Tag rief die jüdische Führung unter David Ben Gurion in Tel Aviv den jüdischen Staat mit Namen „Israel“ aus. Die Araber reagierten prompt: Am 15. Mai marschierten zwei ägyptische Heere in Palästina ein, ihnen folgten Truppen aus Syrien, Transjordanien, dem Libanon und dem Irak. Trotz der arabischen Übermacht konnten sich die Israelis behaupten und sogar Gebiete hinzugewinnen. Bis auf den heutigen Tag gibt es im Nahen Osten keinen Frieden.

Die jüdischen Einwanderer waren von dem Wunsch beseelt, ihre historische Heimat durch harte Pionierarbeit wieder zu neuer Blüte zu bringen. Seit der Staatsgrün-

▶ *Die Ufer des Sees Genezareth (auch See von Tiberias oder Galiläisches Meer genannt) waren Schauplatz wichtiger Ereignisse im Leben von Jesus Christus.*

▲ *Die 18 m hohe Klagemauer ist ein Teil der Stützmauer, die Herodes an der Westseite des Tempelberges errichten ließ. Sie heißt „Klagemauer“, weil die Juden an dieser Mauer die Zerstörung des Zweiten Tempels durch die Römer im Jahr 70 n. Chr. beklagen.*

dung hat sich die Bevölkerung Israels verfünffacht, insbesondere durch Einwanderung von Juden aus aller Welt. Insgesamt lebt heute etwa ein Fünftel aller Juden in Israel. Innerhalb der jüdischen Gemeinschaft gibt es zahlreiche Gruppierungen und Sekten, deren Mitglieder sich durch etliche Gebräuche unterscheiden. Die Aschkenasim, Juden europäischer oder westlicher Herkunft, und die Sephardim, jüdische Einwanderer aus orientalischen Ländern, weichen beispielsweise nicht nur in der Art ihrer Kleidung voneinander ab, sondern auch in ihrer Lebensform.

Jerusalem

Die hochgebaute Stadt

Jerusalem, das die Moslems El-Kuds (die Heilige) nennen, ist für Juden, Christen und Moslems von alters her eine heilige Stätte. In dem international gebräuchlichen Namen

▶ *Der Felsendom erhebt sich mit seiner vergoldeten Kuppel über dem Heiligen Felsen, auf dem Abraham seinen Sohn opfern wollte. Für gläubige Moslems ist die 691 n. Chr. errichtete Moschee eines der drei bedeutendsten Heiligtümer des Islam.*

▲ *Die Zitadelle von Jerusalem geht auf einen Palast zurück, den König Herodes 24 v. Chr. erbauen ließ. Der heutige Bau stammt aus dem frühen 14. Jh., das Minarett kam im 16. Jh. hinzu.*

steckt das hebräische Wort *Shalom* (Frieden); Jerusalem bedeutet soviel wie „Wohnung des Friedens" – ein Name, den die heilige, „hochgebaute" Stadt strenggenommen während ihrer 4000jährigen Geschichte selten verdiente. Sie war immer wieder heftig umkämpft und wurde mindestens 18mal ganz oder teilweise zerstört. Als *Urusalim* wird die Stadt schon um 1400 v. Chr. auf ägyptischen Schrifttafeln erwähnt. Vor etwa 3000 Jahren machte sie König David zu seiner Residenz, und Davids Sohn Salomo ließ hier zu Ehren Jehovahs einen prächtigen Tempel bauen.

Der älteste Teil Jerusalems, die „Altstadt", wird von einer etwa 12 m hohen Ringmauer umschlossen, die der Osmanensultan Sulaiman II. um die Mitte des 16. Jh. erbauen ließ. Die Mauer hat acht Tore, von denen das imposante Damaskustor und das Jaffator die wichtigsten sind. Das Goldene Tor ist jetzt vermauert: Es soll nach der Überlieferung erst am Ende aller Tage geöffnet werden, wenn der Messias zurückkehrt.

Das Bild der Altstadt wird von einem Gewirr enger Gäßchen geprägt, in denen die Händler ihre Waren anpreisen. Die von Nord nach Süd verlaufende Damaskustorstraße und die vom Jaffator nach Osten führende Davidstraße teilen die Altstadt in das Moslemviertel, das Judenviertel, das Christenviertel und das Armenische Viertel.

Der höchste Teil der Altstadt ist der Berg Zion, dessen Name „auserkoren" bedeutet. Auf dem höchsten Punkt des Berges liegt das „Davidsgrab", obwohl es heute als gesichert gilt, daß David hier nicht bestattet wurde. Im Coenaculum soll Jesus am Gründonnerstag mit seinen Jüngern das heilige Abendmahl eingenommen haben. Nach der christlichen Überlieferung befindet sich auf dem Berg Zion auch der Sterbeort Marias, der durch die Benediktinerabtei Dormitio Sanctae Mariae markiert wird.

Heilige Stätten

Klagemauer und Felsendom

Die Kirche des Heiligen Grabes, ein ziemlich massiger, im Lauf der Jahrhunderte vielmals erneuerter und ergänzter Bau, ist das bedeutendste Wallfahrtsziel der christlichen Welt, das aus einer Ansammlung etlicher Kirchen, Kapellen und Altäre besteht, die sich um einen zentralen Rundbau gruppieren. Dieser Bau steht auf dem Hügel Golgatha, der Kreuzigungsstätte Christi. Daß der Ort der Kreuzigung und Auferstehung Jesu heute inmitten der Stadt liegt, zeigt, wie stark sich Jerusalem seit den Tagen der römischen Herrschaft ausgeweitet hat.

▶ *Das Damaskustor aus der Zeit Sulaimans des Prächtigen gilt als das schönste Tor der Jerusalemer Altstadt. Unmittelbar dahinter liegen das Moslemviertel und der Basar.*

In den tiefer gelegenen Vierteln der Altstadt trifft man auch überall auf biblische Stätten. Auf dem im moslemischen Viertel der Altstadt gelegenen Berg Bezetha beginnt an der romanischen St.-Anna-Kirche, einem Baudenkmal der Kreuzfahrerzeit, die Via Dolorosa. Der Schmerzensweg von der Residenz des Pontius Pilatus nach Golgatha, auf dem Jesus das Kreuz getragen hat, wird durch 14 Stationen markiert.

Im Südosten der Jerusalemer Altstadt erstreckt sich der weite Tempelplatz, in dessen Mitte sich der 688–691 n. Chr. errichtete Felsendom erhebt. Für Moslems ist dieser Platz der heiligste Ort nach Mekka und Medina. Der achtseitige Unterbau, über den sich die 30 m hohe strahlende Goldkuppel wölbt, ist nach dem Glauben der Moslems und Juden die Stätte, an der Abraham seinen Sohn Isaak opfern wollte. Kalif Omar I., der die Davidstadt im 7. Jh. eroberte, sah in dem Felsen den Ort, von dem aus Mohammed auf dem Rücken seines Wunderpferdes Burak in den Himmel aufstieg. Der Omaijadenkalif Abd Al Malik ließ daher an dieser Stelle den Felsendom mit seiner kühn gewölbten Kuppel und vermutlich auch die benachbarte Al-Aksa-Moschee mit ihrer kleineren Silberkuppel errichten.

Die Klagemauer oder Westmauer, einziger Überrest der Verteidigungsmauer, die den Tempelhof in alter Zeit umschloß, ist für gläubige Juden der heiligste Ort, an dem sie den Untergang des Zweiten Tempels und Zions beklagen.

Durch den Beschluß der Vereinten Nationen im Jahr 1948 wurde die „hochgebaute Stadt" zweigeteilt. Danach waren beinahe zwei Jahrzehnte lang der israelische und jordanische Teil Jerusalems durch ein Niemandsland mit Stacheldrahtverhauen und eingestürzten Häusern getrennt. Im sogenannten Sechstagekrieg vom 5. bis 11. Juni 1967 besetzten israelische Truppen den arabischen Ostteil Jerusalems. Seitdem steht Jerusalem unter israelischer Verwaltung.

Die Neustadt, die sich im Westen an die Altstadt anschließt, entstand seit der Mitte des 19. Jh. und besitzt daher keine nennenswerten historischen Baudenkmäler. In diesem Teil der Stadt befinden sich neben großen Hotels und Verwaltungsgebäuden auch die kulturellen Zentren der israelischen Metropole. Dazu gehören vor allem die neue Hebräische Universität und das Israel-Museum, das in seinen unterirdischen Gewölben im sogenannten Schrein des Buches einen Teil der berühmten Schriftrollen von Kumran birgt, die man 1948 in der nörd-

▶ *Der Überlieferung zufolge führte die Via Dolorosa, der etwa 700 m lange Leidensweg Christi mit seinen 14 Kreuzwegstationen zur Stätte Golgatha, auch durch diese enge Gasse.*

ABURMELEH
MUSEUM
AUTHENTIC
ANTIQUES
Coins & Glass

lichen Wüste von Juda entdeckte und die als die älteste Bibelaufzeichnung gelten. Gegenüber steht das Gebäude der Knesset, des israelischen Parlaments.

Man braucht mindestens zwei Tage, um sich ein Bild von der Heiligen Stadt zu machen. In der Umgebung von Jerusalem sind einige Orte einen Besuch wert, so das Dorf Eni Kerem, die Geburtsstätte Johannes' des Täufers, die Krypta von Abu Ghosh, wo sich die in der Bibel genannte Quelle von Emmaus befinden soll, und natürlich das 15 km von Jerusalem entfernt im Westjordanland gelegene Bethlehem, der Geburtsort Jesu. Hauptattraktion dieses freundlichen Städtchens ist die Geburtskirche Jesu, eine Basilika, die im 4. Jh. von Kaiser Konstantin über der Höhle erbaut wurde, in der Jesus geboren wurde.

▲ *Die Hafenstadt Akko ist mindestens 4000 Jahre alt. Zur Zeit der Kreuzritter wurde die damalige Hauptstadt des Königreichs Jerusalem stark befestigt. 1291 eroberte Sultan Malik Al Aschraf die Feste und zerstörte sie völlig.*

Galiläa

Landschaft der Kontraste

Nördlich von Jerusalem liegt Galiläa, eine der reizvollsten und abwechslungsreichsten Landschaften Israels, in der kahle, verkarstete Höhenzüge mit fruchtbaren Hügelländern wechseln. Sie wird im Osten von dem hier gerade den Kinderschuhen entwachsenen Jordan, im Westen vom Mittelmeer, im Norden vom Libanon und im Süden von der Sharonebene begrenzt. Nachdem im letzten Jahrhundert ganze Wälder für den Eisenbahnbau abgeholzt wurden, sind jetzt weite Landstriche wieder aufgeforstet worden oder werden erneut landwirtschaftlich genutzt. Dadurch hat die Landschaft ihren ursprünglichen lieblichen Charakter zurückerhalten.

Die nördliche Hälfte Galiläas, Obergaliläa, ist ein tief zerschnittenes Bergland, das im Westen reichlich Niederschläge erhält und daher – im trockenen Israel ein ungewöhnlicher Anblick – von grünen Macchien bedeckt ist. Hier liegt der höchste Berg Israels, der 1208 m hohe Meron. Der Hauptort Obergaliläas, Safad, im 16. Jh. geistiger und religiöser Mittelpunkt der Juden, zieht heute mit seiner Künstlerkolonie, dem malerischen Stadtbild und den zahlreichen Synagogen viele Touristen an.

Die Berge in Untergaliläa, darunter der mit 588 m höchste Berg Tabor, eine heilige Stätte der Christenheit und in vorchristlicher Zeit Kultstätte des Baal, sind nur etwa halb so hoch wie die in Obergaliläa. Zwischen den meist vegetationslosen, zum Teil aber auch mit Zwergeichen bewaldeten Hügeln erstrecken sich ausgedehnte Olivenhaine und Getreidefelder. Die fruchtbaren Täler und Senken sind seit frühgeschichtlicher Zeit dicht besiedelt. Traditionelles Zentrum ist das heute fast ausschließlich von Arabern bewohnte Nazareth, wo die Eltern Jesu gewohnt und Jesus selbst seine Jugend verbracht haben soll. Malerisch am südlichen Abhang der Berge Untergaliläas gelegen, ist Nazareth mit rund 48 000 Einwohnern gegenwärtig die größte arabische Stadt in Israel.

Der Jordangraben im Osten umschließt mit dem See Genezareth einen weiteren biblischen Schauplatz. Der 21 km lange und 12 km breite See liegt etwa 210 m unter dem Spiegel des Mittelmeers; er füllt eine Depression der Erdoberfläche aus. Das hier herrschende, im Winter sehr milde, im Sommer dagegen tropischheiße Klima, der Fischreichtum des Sees und die Fruchtbarkeit des Bodens machten die Ufer des Sees schon in grauer Vorzeit zu einem bevorzugten Siedlungsgebiet. Noch heute ist der See Genezareth der wichtigste Süßwasserspeicher Israels. Jesus wirkte vor allem am dicht bevölkerten Nordwestufer des Sees. Hier war auch die Heimat der meisten Apostel Jesu. In Tabgha soll sich das Wunder der Speisung der 5000 abgespielt haben. Kapernaum gilt als Geburtsort des Petrus, hier bewirkte Jesus seine meisten Wunder und Heilungen. In der Nachbarschaft befindet sich der Berg der Seligpreisungen, die Stätte der Bergpredigt Jesu.

◀ *Der Heilige Felsen unter der Kuppel des Felsendoms – eine uralte Kultstätte. Eine halbkreisförmige Vertiefung in der Gesteinsoberfläche ist nach dem Glauben der Moslems der Hufabdruck des Pferdes Burak, mit dem Mohammed von hier seine Himmelfahrt angetreten hat. An dieser Stelle ließ der Kalif Abd Al Malik zwischen 688 und 691 n. Chr. das goldene Heiligtum des Felsendoms errichten.*

Auf Sand gebaut

Die Küstenebene um Tel Aviv

Im Südwesten gehen die Hügelländer Untergaliläas in eine ausgedehnte Küstenebene am Mittelmeer über. Das größtenteils aus sandigen Sedimenten aufgebaute Tiefland mit seinen Orangenhainen und Weingärten, früher eine malariaverseuchte Sumpfwildnis, ist heute die fruchtbarste und am dichtesten besiedelte Region Israels. Offenbar kann man doch mit Erfolg auf Sand bauen – für Badeorte ist dieser Baugrund jedenfalls ideal. Auf einer Länge von 200 km reihen sich Sandstrände und Seebäder aneinander.

Im Norden hat sich das 1934 von Verfolgten aus Deutschland gegründete Nahariyya zu einem der beliebtesten Bade- und Kurorte in Israel entwickelt. Knapp 20 km weiter südlich liegt die uralte Hafenstadt Akko mit ihrem feinsandigen „Purpurstrand“, deren Altstadt ihren typisch orientalischen Charakter bewahrt hat. Von 1104 bis 1291 war sie Hauptstützpunkt der Christen und Kreuzfahrer im Heiligen Land, die die Stadt nach und nach in ein stark befestigtes Bollwerk

▶ *Elat war eine der Stationen des Volkes Israel bei seinem Auszug aus Ägypten. Dieser einzige Überseehafen Israels am Roten Meer bietet eine großartige Kulisse aus Wüste, Meer und Gebirge.*

▲ *Caesarea, ursprünglich eine Siedlung der Phöniker, die von Herodes 22–10 v. Chr. ausgebaut und nach dem römischen Kaiser Augustus benannt wurde, war eine der glänzendsten Städte des römischen Imperiums.*

verwandelten. Von den Kreuzritterbauten sind u. a. die Krypta der Johanniter und die Ritterhalle erhalten.

Die einzige größere Bucht an der fast schnurgeraden Küste wird durch das Karmelgebirge gebildet, das bei Haifa wie ein Sporn ins Mittelmeer ragt. Der Karmel war immer ein heiliger Berg, zuerst den Naturgöttern, später Zeus und Jupiter geweiht. Hier lebte der biblische Prophet Elias in einer Höhle. Heute ist der Karmel ein bevorzugtes Wohngebiet. Sehenswert sind die Orte Daliyat el-Karmel, wo es viele Läden mit orientalischen Waren gibt, und En Hod, ein Refugium jüdischer Maler und Literaten.

Südlich von Haifa führt die Küstenstraße hinter dem Dünengürtel am Meer durch den „Garten Israels" mit Zitrusplantagen, Baumwollfeldern, Obstgärten und Gemüsekulturen. Hier und dort sieht man an windgeschützten Stellen sogar eine Bananenplantage. Etwa auf halber Strecke zwischen Tel Aviv und Haifa reiht sich das Ruinenfeld der antiken Stadt Caesarea in die Kette der Badeorte ein. Die ab 22 v. Chr. von Herodes dem Großen auf den Resten einer phönikischen Siedlung errichtete Stadt war fünf Jahrhunderte lang eine der bedeutendsten Städte des Römischen Reichs, die sogar Jerusalem an Glanz übertraf. Mitte des 13. Jh. ließ Ludwig IX. („der Heilige") die gewaltige Stadtmauer der Kreuzfahrerstadt errichten, deren Überreste den Besucher noch heute beeindrucken.

Tel Aviv, die Metropole der Küstenebene und größte Stadt Israels, steht trotz ihrer Bedeutung als Wirtschafts-, Verkehrs- und Kulturzentrum im Schatten Jerusalems, das allerdings von vielen Staaten nicht als israelische Hauptstadt anerkannt wird. Darum haben heute noch viele ausländische Botschaften ihren Sitz in Tel Aviv. Die Stadt, deren Namen soviel wie „Frühlingshügel" bedeutet und die 1909 von zionistischen Einwanderern vor den Toren der uralten Hafenstadt Jaffa (hebräisch: *Yafo*) gegründet wurde, hatte 1934 bereits 75 000 Einwohner. Heute sind Jaffa und Tel Aviv zu einer Metropole zusammengewachsen. Die Stadt könnte mit ihren Straßencafés und Palmenpromenaden ebensogut in Südeuropa liegen. Tel Aviv war bis 1950 Landeshauptstadt des jüdischen Staates; sie besitzt viele interessante Museen und Kunstgalerien, darunter das Helena-Rubinstein-Museum für Moderne Kunst.

▲ *Eine Beduinenfrau vom Sinai: Weibliche Raffinesse verwandelt den „Schleier", der ja eigentlich die Reize verbergen soll, geradezu in einen Blickfang.*

Der Negev

Der wüstenhafte Süden Israels

Ungefähr zwei Drittel der Landesfläche gehören zum Negev, dem trockenen Süden Israels, und werden von Steppen und Wüsten eingenommen. Der Norden des Negev ist eher eine Wüstensteppe mit jährlich noch 200–300 mm Niederschlag, die nach Süden hin immer mehr abnehmen. In dem riesigen Gebiet, das nach Süden bis zum Golf von Elat reicht, lebt nur ein winziger Anteil der Bevölkerung – rund 300 000 –, und davon wohnen wiederum etwa zwei Fünftel in Beersheba, der alten Hauptstadt des Negev, deren Stadtbild nur wenig an ihre mindestens sechs Jahrtausende alte Geschichte erinnert. Beersheba ist im Gegenteil eine moderne Stadt, deren Kern um 1900 nach den Plänen eines deutschen Vermessungsoffiziers neu errichtet wurde. Die Stadt ist Sitz der Ben-Gurion-Universität und eines Instituts für Wüstenforschung.

Die Touristen, die den Negev besuchen, interessieren sich kaum für die weltweit bekannten Forschungsinstitute in Beersheba, die sich mit der Ökologie der Wüsten und der Nutzung der Trockengebiete beschäftigen. Sie sind fasziniert von den menschenleeren Wüstenlandschaften, beispielsweise von den 30 km nördlich von Elat gelegenen Timna-Schluchten, von dem vor 70 Mio. Jahren 22 km südlich von Avedat entstandenen Einbruchbecken Makhtesh Ramon, das 35 km lang und 10 km breit ist, und von den Korallenriffen bei Elat am Roten Meer, die zu den schönsten der Welt gehören.

Elat, am nördlichsten Zipfel des Golfs von Akaba gelegen, ist bei Mitteleuropäern als sonnenscheinreicher Badeort beliebt. Für die Israelis ist Elat gleichzeitig das Tor nach Afrika, Indien und dem Fernen Osten, da es der einzige Hafen mit direktem Zugang Israels zum Roten Meer und Indischen Ozean ist. Bereits 3000 v. Chr. war die am Nordende des gleichnamigen Golfs gelegene Stadt Verladehafen für die im Timna-Gebiet geförderten Kupfererze. Der Bergbau erreichte in den 60er und 70er Jahren noch einmal eine kurze Blüte, mußte 1975 jedoch aus Rentabilitätsgründen eingestellt werden. Seither hat Elat den Tourismus als neue ergiebigere „Goldader" entdeckt.

Das Tote Meer

400 m unter dem Meeresspiegel

Von Elat führt eine Straße an der jordanischen Grenze entlang nach Norden. Sie folgt einer Senke, die weltweit als Wadi Arava bekannt ist. Von der Entstehung her ist diese Senke ein geologischer Graben, der sich vom Roten Meer über den Golf von Elat bis hinauf zum Jordantal und dem See Genezareth verfolgen läßt. In ihm liegt das Tote Meer, das etwa 80 km lang ist und mit 17 km die ganze Breite des Grabens einnimmt. Strenggenommen verdient das Tote Meer seinen Namen schon seit etlichen Millionen Jahren

▲ *Der Name des Negev bedeutet soviel wie „trockenes Land", und in der Tat gehört die Wüste im Süden Israels zu den trockensten Gegenden Vorderasiens. Elat hat z. B. durchschnittlich nur fünf Regentage im Jahr, Jerusalem immerhin 50.*

nicht mehr, denn die Verbindung zum Weltmeer riß gegen Ende der Tertiärzeit ab; seither ist es ein Binnensee, der fast ausschließlich vom Jordan gespeist wird. In niederschlagsreichen Klimazonen wäre die gesamte Grabensenke mit Wasser gefüllt, so aber

kann die spärliche Wasserzufuhr die Verdunstungsverluste kaum ausgleichen, und der Spiegel des Toten Meers liegt daher etwa 400 m unter dem des Mittelmeers.

Das Klima am Toten Meer ist außergewöhnlich trocken und heiß, im Sommer steigt die Quecksilbersäule täglich auf über 40°C, der geringe Niederschlag ist nicht mehr als der sprichwörtliche Tropfen auf den heißen Stein. In dem heißtrockenen Klima verdunstet das Wasser im See schnell, die im Wasser gelösten Salze bleiben zurück und bescheren dem Toten Meer einen Salzgehalt, der den des offenen Ozeans um fast das Achtfache übertrifft. Nichtschwimmer können unbesorgt ein Bad im Toten Meer nehmen, denn das spezifische Gewicht der Salzlösung ist höher als das des menschlichen Körpers, und man kann einfach nicht untergehen. Trotzdem ist das Meer wegen des hohen Salzgehalts biologisch „tot".

Über dem westlichen Ufer dieses Sees erhebt sich der Felsberg von Masada, an allen Seiten von tiefen Schluchten begrenzt und daher eine ideale natürliche Festung. In ihr hielten nach dem Fall Jerusalems im jüdischen Aufstand gegen Rom fast 1000 Juden von 70 bis 73 n. Chr. der Belagerung durch die Zehnte römische Legion stand. Als diese die Festung schließlich stürmte, begingen die Eingeschlossenen Selbstmord, um nicht in die Hände der Feinde zu fallen. Bei Kumran, einige Kilometer vom nördlichen Ufer des Toten Meers entfernt, fand 1947 ein junger Schafhirte in einem verschlossenen Krug die berühmten Bibelhandschriften, die Israel den Essenern, einer asketischen jüdischen Sekte, verdankt.

◀ *Nach der Eroberung Palästinas durch Alexander den Großen (332 v. Chr.) breitete sich die hellenistische Kultur rasch aus. Sie prägte auch die Architektur jener Epoche (hier das Grab des Zacharias im Josaphat-Tal bei Jerusalem).*

▶ *Das Kloster Mar Saba erinnert an den frommen Mönch und Klostergründer Sabas, der im 5. Jh. in einer Höhle der Kidronschlucht hauste. Die heutigen Klostergebäude wurden nach dem Erdbeben von 1834 errichtet.*

▲ *Die „rosarote Stadt" Petra war die Königsstadt der Nabatäer, eines Wüstenvolks, das durch den Handel mit Weihrauch, Myrrhe und Gewürzen reich wurde.*

Jordanien

Die Wirtschaft des kleinen Wüstenreichs zwischen Jordan und Rotem Meer leidet noch immer unter den Nachwehen des jüngsten Golfkriegs. Stumme Zeugen der Geschichte wie die alten Städte Gerasa und Petra künden von glanzvollen Zeiten.

Wie der größte Teil Vorderasiens gehörte das Gebiet des heutigen Jordanien bis zum Ende des Ersten Weltkriegs rund 400 Jahre lang zum Osmanischen Reich. Seit 1916 beteiligten sich jordanische Stämme am arabischen Aufstand gegen die Türkenherrschaft, der mit Unterstützung britischer Truppen 1918 siegreich beendet wurde. Danach war das Ostjordanland dem Königreich Syrien unter Führung des Haschimidenemirs Faisal unterstellt. Schon 1920 kam es jedoch zusammen mit Palästina unter britische Mandatsverwaltung, obwohl Faisal die Einhaltung britischer Versprechen aus dem Jahr 1916 einzuklagen versuchte, die bei einer Teilnahme arabischer Truppen am Krieg gegen die Türken ein arabisches Großreich unter Einschluß des Ostjordanlandes in Aussicht gestellt hatten.

Im Mai 1923 wurde dann das Gebiet östlich des Jordan offiziell von Palästina abgetrennt und unter dem haschimidischen Staatsoberhaupt Abd Allah Ibn Al Husain zum Emirat Transjordanien erklärt. Da das Land ohne Finanzhilfe aus dem Ausland nicht überlebensfähig war, billigte Abd Allah den Briten Ministerien in seinem Emirat zu – seine Verwaltung oblag auch weiterhin einem britischen Hochkommissar. Die arabischen Proteste, die diese politische Regelung hervorrief, führten u. a. zur Bildung der Arabischen Legion, des Kernverbandes der jordanischen Armee. 1928 erweiterte ein britisch-jordanischer Vertrag die innenpolitischen Befugnisse Abd Allahs; im selben Jahr wurde eine erste Verfassung verabschiedet.

▲ *Der Weg nach Petra führt durch den Siq, eine 70 m tiefe, an ihrer schmalsten Stelle nur etwa 4 m breite Felsschlucht. Bevor die Ruinenstadt im Jahr 1812 wiederentdeckt wurde, hatte sie fast 600 Jahre lang kein Besucher aus dem Abendland betreten.*

▲ *„Schatzhaus des Pharaos" nannten die Beduinen die aus rötlichem Sandstein gemeißelte Felsfassade – ein Phantasiename, denn dahinter verbirgt sich keine Schatzkammer, sondern eine Grabstätte.*

Das Königreich Jordanien

Der Zufluchtsort der Palästinenser

Am 25. Mai 1946 erhielt das britische Mandat Transjordanien schließlich die Unabhängigkeit, und der Emir Abd Allah nahm den Königstitel an (die letzten britischen Truppen zogen allerdings erst 1957 aus Jordanien ab). Unruhige Zeiten standen dem jungen Staat bevor. Im ersten Israelisch-Arabischen Krieg 1948/1949 kam es zu erbitterten Kämpfen, während deren die Arabische Legion die östlichen Teile Palästinas und die Altstadt von Jerusalem besetzen konnte. Hunderttausende im Westjordanland beheimatete palästinensische Araber flohen in die Gebiete östlich des Jordan (nach Schätzungen ca. 700 000). Der Krieg endete mit einer Erweiterung des jordanischen Staatsgebiets: Die West Bank (wie das westlich des Jordan gelegene Territorium Palästinas auch genannt wird) wurde annektiert. Um die Unveränderlichkeit der Vereinigung zu bekräftigen, nannte sich das Königreich jetzt Jordanien.

Danach umfaßte Jordanien zwei Landesteile: das östliche Transjordanien mit der Hauptstadt Amman und die West Bank, das Westjordanland. Bereits bei der Gründung des Königreichs gab es Unstimmigkeiten, weil mehrere Mitgliedstaaten der Arabischen Liga befürchteten, damit werde die Teilung Palästinas auf ewig festgeschrieben. König Abd Allah, der das Land in die Unabhängigkeit geführt hatte, fiel am 20. Juli 1951 dem Attentat eines palästinensischen Nationalisten zum Opfer.

Im Sechstagekrieg zwischen Israel und den arabischen Staaten 1967 verlor Jordanien dann die West Bank wieder an Israel und erlebte eine weitere palästinensische Flüchtlingswelle (ca. 800 000). Bald begann die Palästinensische Befreiungsorganisation (PLO) in den Flüchtlingslagern zu einer Macht im Staate heranzuwachsen, die eine Reaktion des seit 1952 regierenden Königs

▶ *Mit über 800 Monumenten ist Petra – um 169 v. Chr. von den Nabatäern errichtet – eine der imposantesten Ruinenstätten der Welt. Von der UNESCO wurde die „rosarote Stadt" zum Weltkulturerbe erklärt.*

▲ *Ein Kamelreiter der legendären Wüstenpatrouille mit Patronengürteln und typischer Kopfbedeckung*

Hussein herausforderte. Die vorerst letzte Flüchtlingswelle überflutete das mit Naturschätzen nicht eben gesegnete Wüstenreich während des Zweiten Golfkriegs, als mehr als 400000 Palästinenser und Iraker in Jordanien Zuflucht suchten. Zudem mußte das Land auf westliche und arabische Finanzhilfe verzichten, da es sich im Krieg gegen den Irak nicht an der antiirakischen Allianz beteiligte. Die Mehrheit der jordanischen Gastarbeiter kehrte aus den Golfstaaten in ihre Heimat zurück und ließ die Arbeitslosenzahlen in die Höhe schnellen.

Wüste allüberall

Phosphat, Pipelines und Touristen

Für Jordanien, dessen Staatsgebiet zu 90% aus Wüste besteht, war die Besetzung der West Bank durch die Israelis ein schwerer Schlag, verlor es damit doch etwa ein Drittel seiner landwirtschaftlich nutzbaren Ackerfläche.

Transjordanien ist ein armes, unfruchtbares Land. Die Syrische Wüste steigt von den endlosen Geröllebenen und Dünenfeldern im Osten zu einem von Trockentälern zerschnittenen Hochplateau im Westen an, das in der Nähe der Stadt Petra 1727 m Höhe erreicht. Das Tiefland am westlichen Rand dieses Hochplateaus ist Bestandteil der großen Grabensenke, die vom Roten Meer aus in Richtung Norden verläuft. Das ausgedörrte Land besitzt kaum Bodenschätze, vor allem kein Erdöl, das die Bewohner vieler vorderasiatischer Staaten für die karge Landesnatur finanziell entschädigt (Jordanien bezieht allerdings Einkünfte aus der Pipeline, die von Saudi-Arabien her über jordanisches Gebiet zum Mittelmeer verläuft und für die die Saudis ihren arabischen Brüdern eine Gebühr entrichten). Neben geringen Erzvorkommen verfügt Jordanien lediglich über größere Phosphat- und Kalivorkommen, die dem Königreich wichtige Devisen bringen. Der größte Trumpf, den die Wirtschaft Jordaniens ausspielen kann, ist daher der Fremdenverkehr; doch seit dem jüngsten Golfkrieg bleiben die Touristen – und mit ihnen auch der Geldsegen – aus.

Petra

Die „rosarote Stadt"

Touristische Hauptattraktion ist die „rosarote Stadt" Petra, lange Zeit verschollen und erst 1812 vom schweizerischen Forscher Johann L. Burckhardt wiederentdeckt. Die grandiose Königsstadt der Nabatäer, eines Wüstenvolks, das in der Zeit zwischen dem 4. Jh. v. und dem 4. Jh. n. Chr. in das Licht der Geschichte trat, weiß jeden Besucher mit den in schroffe Felswände hineingearbeiteten Tempeln, Gräbern, Grabkapellen und anderen Heiligtümern in ihren Bann zu ziehen. Um zu ihr zu gelangen, muß man den Siq, eine schwer zugängliche Schlucht, passieren, die dem Besucher bis zuletzt den Blick auf die Stadt verwehrt.

Als eindrucksvollstes Zeugnis der antiken Kultur präsentiert sich dem Besucher die mit Säulen, Skulpturen und Statuen geschmückte Fassade des sogenannten Schatzhauses des Pharaos, die, in zwei Stockwerke gegliedert, fast 40 m hoch in eine Felswand aus Sandstein ragt. Beduinen verliehen dem Bauwerk – bei dem es sich um einen Grabtempel handelt, der vermutlich einem nabatäischen König geweiht war – den Phantasienamen „Schatzhaus". Wer die Schönheit und Vielfalt der Sehenswürdigkeiten von Petra ausschöpfen möchte, braucht dazu mindestens drei Tage.

Die Straße von Petra zum Roten Meer führt durch die bizarren Mondlandschaften des Wadi Rum, die passende Kulisse für den Wüstenkrieg, den die arabischen Truppen unter Führung des britischen Agenten Thomas E. Lawrence, der als Lawrence von Arabien berühmt geworden ist, vor mehr als 70 Jahren gegen die Türken führten.

Knapp 100 km weiter endet die Straße in Akaba am Roten Meer, einem vielbesuchten Badeort und einzigem Seehafen des Königreichs, in dem das im Land geförderte Phosphat umgeschlagen wird. Taucher finden in den Küstengewässern eine phantastische Unterwasserwelt mit üppiger Meeresflora und -fauna vor.

Wüstenpaläste

Spuren der Vergangenheit

Weniger spektakulär als Petra präsentiert sich die antike Stadt Gerasa (Dscharasch), knapp eine Autostunde nördlich von Amman gelegen; die gut erhaltenen römischen Säulenstraßen, Tempel, Theater und die Kirchen aus frühbyzantinischer Zeit weisen sie jedoch als außerordentlich bedeutsame kulturhistorische Stätte aus. Alexander der Große soll die in einer reizvollen grünen Hügellandschaft liegende Stadt gegründet haben, die als Handelszentrum in ständigem Wettstreit mit Palmyra lag. Ihre Glanzzeit endete mit der Eroberung durch die Araber.

Südwestlich von Amman erhebt sich auf einem Hügel an der alten Königsstraße (der antiken Fernstraße durch das Ostjordanland) die Stadt Madaba, die erstmals im Alten Testament als Stadt der Moabiter erwähnt wird. Sie birgt mehrere Kostbarkeiten, darunter byzantinische Mosaiken, zu denen auch die berühmte, leider nur in Fragmenten vorhandene Mosaikkarte von Madaba zählt, die die Landschaft zwischen dem Nildelta im Süden und Palästina im Norden mit dem ummauerten Jerusalem als „Nabel der Welt" darstellt.

Aus der frühislamischen Epoche des 7. und 8. Jh. n. Chr., in der das Gebiet zwischen dem Mittelmeer und dem Persischen Golf unter den Omaijadenkalifen eine Glanzzeit erlebte, stammen die in der Wüste östlich von Amman verstreuten omaijadischen Wüstenschlösser: Qasr el-Kharana, Qasr Amra, Qasr el-Mushatta, Qasr el-Azraq... Im letztgenannten Wüstenschloß hatten sich im Winter 1917/1918 Lawrence von Arabien und seine Beduinenschar einquartiert. Die Bergfeste Karak, 120 km südlich von Amman an der Königsstraße gelegen und in der Bibel u. a. als Kir-Moab erwähnt, wurde von den Kreuzrittern zu einer starken Festung ausgebaut, die ab 1170 wiederholt von moslemischen Streitkräften belagert wurde, bis sie im Jahr 1188 schließlich in die Hand des Sultans Saladin fiel. Der Mythos von den frommen Kreuzrittern, die einen „Heiligen Krieg" gegen die Ungläubigen führten, hatte in der Zwischenzeit stark gelitten, denn der wegen seiner Grausamkeit berüchtigte Burgherr Rainald von Chatillon war eher das, was man im Mittelalter in unseren Breiten einen „Raubritter" nannte.

▶ *Das Südtheater des antiken Gerasa faßte rund 5000 Zuschauer; dahinter erkennt man das Ovale Forum mit seinem fast vollständig erhaltenen Säulengang.*

▶ ▶ *Beduinenzelte im Wadi Rum, einem Wüstental im Süden Jordaniens*

▲ *Inseln des Lebens in einem Ozean aus Sand: das satte Grün einer kleinen Oase in der goldgelben Wüste Arabiens*

Saudi-Arabien

Der größte arabische Staat ist ein Land schroffer Gegensätze zwischen Alt und Neu, Tradition und Moderne. Der Industrienation nach westlichem Vorbild steht eine Gesellschaftsordnung gegenüber, die den althergebrachten Grundsätzen des Islam verhaftet ist.

Das Geburtsland des Propheten Mohammed und Ursprungsland der islamischen Weltreligion, in den vergangenen Jahrzehnten dank seiner kräftig sprudelnden Erdölquellen zu sagenhaftem Reichtum gekommen, versucht die strengen Sitten seiner Vorväter mit den Regeln einer modernen Konsumgesellschaft zu vereinen. Fast über Nacht hat sich die Wirtschaftsstruktur des arabischen Königreichs grundlegend gewandelt, die Ideale und Mentalität seiner Einwohner sind indes noch immer von den Wertvorstellungen einer islamischen Nomadengesellschaft bestimmt. Die Gegensätze zwischen Alt und Neu treffen hier besonders hart aufeinander: In den schwarzen Nomadenzelten aus Ziegen- oder Kamelleder hat der Kassettenrecorder einen Ehrenplatz, beiderseits der Rollbahnen, auf denen Düsenjets starten und landen, weiden Kamele, die Pilger, die die traditionelle Wallfahrt nach Mekka unternehmen, haben in der Regel einen Achtstundenarbeitstag, und unmittelbar neben Meerwasserentsalzungsanlagen nach dem letzten Stand der Technik erfüllen noch immer Geier ihre Aufgabe als Gesundheitspolizei.

Saudi-Arabien, das den Hauptteil der Arabischen Halbinsel einnimmt und ungefähr siebenmal so groß wie die Bundesrepublik Deutschland ist, besteht hauptsächlich aus Wüstengebieten. Im Norden des Landes erstreckt sich die Wüste Nefud bis nach Jordanien und in den Irak, im Süden breitet sich die Rub al-Khali aus, die Große Arabische Wüste, die zu den größten zusammenhän-

▲ *Viele der alten Kaufmannshäuser im Stadtkern von Dschidda wurden in den letzten Jahren mit hohem finanziellen Aufwand restauriert.*

genden Sandmeeren der Erde gehört. Entlang der Küstenlinie im Westen erheben sich die Gebirgszüge der Hedschas und des Asir, die den Nedschd, das zentrale Hochland des Landes, vom Roten Meer abriegeln.

Von wenigen Gebieten wie z. B. dem Süden des Asirgebirges abgesehen, wo es vor allem im März und April regnet, ist auf der riesigen Halbinsel überall das Wasser knapp; es gibt hier keinen einzigen Fluß, der ständig Wasser führt, und die jährlichen Niederschläge schwanken in der Regel zwischen dürftigen 50 und 100 mm pro Jahr. Ohne die Erdölmilliarden, mit denen auch die Bewässerungs- und Entsalzungsmaßnahmen finanziert werden, wäre Saudi-Arabien noch immer ein Wüstenland, dessen Bewohner sich mehr schlecht als recht von der landwirtschaftlichen Nutzung der wenigen Oasen, vom Karawanenhandel und nicht zuletzt von den Einkünften aus dem Pilgerverkehr zu den heiligen Stätten Mekka und Medina ernährten. Doch Allah belohnte die Gläubigsten aller Moslems mit flüssigem Gold. Seitdem die Saudis 1933 zum erstenmal eine Bohrkonzession vergaben, entdeckten die Ölsucher eine Rekordlagerstätte nach der anderen. Der ungeheure Reichtum, den die vor allem an der Golfküste im Westen liegenden Erdölvorkommen dem Königreich brachten (die Vorräte werden auf mehr als ein Viertel der zur Zeit bekannten Erdölreserven geschätzt), hat indes den Weitblick der Saudis nicht getrübt. Unter Einsatz enormer finanzieller Mittel versuchen sie zielstrebig, durch den Ausbau der Landwirtschaft und die Auffächerung der industriellen Branchenstruktur die wirtschaftliche Abhängigkeit von der Erdölförderung zu mindern.

Auf dem Weg zu einer ausgewogeneren Wirtschaftsstruktur ist Saudi-Arabien in den vergangenen Jahren ein gutes Stück vorangekommen. Mittlerweile trägt die „Nicht-Ölwirtschaft“ rund 50% zum Bruttosozialprodukt bei. Auch der jüngste Golfkrieg konnte das Wachstum nicht bremsen, eher das Gegenteil ist der Fall, denn saudi-arabische Unternehmen sind maßgeblich an der Beseitigung der Kriegsschäden beteiligt.

Allerdings hinkt die innenpolitische und soziale Entwicklung dem Wirtschaftsboom weit hinterher – man könnte sagen: Das Mittelalter begegnet dem 20. Jh. Nur widerstrebend verzichtet der absolutistisch regierende König auf einen kleinen Teil seiner Macht. Offenbar sollen die seit längerer Zeit angekündigten Reformen auf der Grundlage des islamischen Rechts eher den fundamentalistischen Oppositionellen den Wind aus den Segeln nehmen, als das Staatswesen im westlichen Sinne demokratischer machen. Parteien und Gewerkschaften sind auch weiterhin verboten, außer dem König entscheidet nur etwa ein Dutzend der einflußreichsten Männer des Landes über seine Geschicke. Frauen sind ohnehin von jeglicher Teilnahme am öffentlichen und gesellschaftlichen Leben ausgeschlossen.

Blut ist (meist) stärker als Wasser

Das Königreich Saudi-Arabien

Das Königreich Saudi-Arabien ist eine absolute Monarchie, die über keine eigentliche Verfassung verfügt und in der noch heute die Regeln gelten, nach denen die traditionelle arabische Gesellschaft funktioniert. Dazu gehört vor allem die in ein Sprichwort gefaßte Grundregel, daß „Blut stärker als Wasser ist“. Verwandtschaftliche, insbesondere familiäre Bande spielen im Staatswesen von jeher eine überragende Rolle. Doch der Entstehungsgeschichte von Saudi-Arabien ist zu entnehmen, daß es hier auch viel und oft gewalttätig ausgetragenen Bruderzwist gab.

Als Mohammed, letzter in einer langen Reihe von Propheten (zu denen Mohammed auch Moses und Jesus zählte), ab 613 n. Chr. seine Lehre verkündete, stritten auf der Arabischen Halbinsel zahllose Beduinenstämme um die Macht. Dem um 570 in Mekka, einer alten Handelsstadt, geborenen Propheten gelang es bis zu seinem Tod im Jahr 632, alle Stämme unter dem grünen Banner des Islam zu vereinen und ein erstes islamisches Staatswesen zu gründen.

Mehr als 1100 Jahre nach dem Jahr Null der islamischen Zeitrechnung, dem Jahr 622, in dem Mohammed von Mekka nach Medina flüchten mußte, weil die Verkündung seiner neuen Religion bei seinen Landsleuten auf Ablehnung stieß, entstand das heutige Königreich Saudi-Arabien. Als Geburtsjahr gilt das Jahr 1745, in dem Mohammed Ibn Abd Al Wahab, ein religiöser Reformator, und der Emir der Oase Dariya, Mohammed Ibn Saud, ein Bündnis gegen alle „Abweichler vom wahren Islam“ schlossen. Es folgte ein Kampf gegen die Türken, gegen arabische Beduinenstämme und gegen Mitglieder der eigenen Stammesdynastie

▲ *Im Innenhof der Großen Moschee von Mekka steht die von einem kostbaren schwarzen Tuch verhüllte Kaaba. An der Südostecke des würfelförmigen Bauwerks ist der in Silber gefaßte heilige Schwarze Stein, ein Meteorit, eingemauert. Nach islamischem Glauben hat der Erzengel Gabriel diesen Stein Abraham übergeben.*

Saud, der erst 1926 mit der Proklamation von Abd Al Asis Ibn Saud zum König endete. Ibn Saud war es gelungen, die vier wichtigsten Regionen, Nedschd, Al-Hasa, Hedschas und Asir, zu einen. 1932 wurde das Land in Königreich Saudi-Arabien umbenannt. Ibn Saud, der fast fünf Jahrzehnte lang die Geschicke des Landes bestimmt hatte, hinterließ 36 offiziell anerkannte Söhne (und ungezählte Töchter), die sich nach seinem Tod in der Thronfolge ablösten. Gegenwärtig regiert Fahd Ibn Abd Al Asis, der zehnte Sohn des Ibn Saud.

Dschidda

Größte Hafenstadt am Roten Meer

Die in vorislamischer Zeit gegründete Stadt, 646 zur offiziellen Hafenstadt für Mekka erhoben, war bis vor einigen Jahrzehnten noch ein Ort mit kaum 20 000 Einwohnern, ohne Bäume, Elektrizität und fließendes Wasser. Erst 1947 riß man hier die alten Stadtmauern und Tore ab. Heute ist Dschidda größte Stadt des Landes, führender Umschlagplatz im Außenhandel Saudi-Arabiens, besitzt eine moderne City und den nach der Fläche größten Flughafen der Welt.

Die Moscheen im Altstadtkern, darunter die Moschee Ash Shafi, die wenige Jahre nach dem Tod Mohammeds errichtet wurde, sind erhalten geblieben, darüber hinaus auch einige der bis sechs Stockwerke hohen, aus Korallenkalkstein erbauten Kaufmannshäuser mit sorgfältig geschnitzten und lackierten Fensterbalkonen aus tropischen Hölzern. Mit hohem finanziellen Aufwand wurden viele dieser alten Häuser in den letzten Jahren restauriert.

Mekka

Die Wallfahrt zu den heiligen Stätten des Islam

Im letzten Monat des islamischen Jahres, in dem die *Hadsch*, die im Koran von den Gläubigen geforderte Wallfahrt nach Mekka, stattfindet, verwandelt sich Dschidda in ein riesiges Pilgerlager, in dem Millionen von Moslems aus aller Welt sich auf die letzte Etappe ihrer Wallfahrt vorbereiten und mit orientalischer Gelassenheit die Einreiseformalitäten über sich ergehen lassen. Der Pilgerverkehr ist seit 646 eine krisensichere Existenzgrundlage der Stadt, zumal die Zahl der Moslems, die das Gebot erfüllen, von Jahr zu Jahr wächst. 1958 zählte man noch 204 000 Pilger, 1980 war der Pilgerstrom auf 1 500 000 angewachsen, inzwischen dürften wohl 2 Mio. zukünftiger „Hadschis" (wer die Pilgerfahrt absolviert hat, darf seinem Namen diesen Beinamen zufügen) an der Wallfahrt zum Zentrum der islamischen Welt teilnehmen.

Für die meisten Pilger ist die Hadsch ein großes finanzielles Opfer, denn heutzutage reist man nicht mehr auf dem Rücken von Kamelen, sondern mit dem Flugzeug nach Dschidda, wo am Flughafen eigens große Terminals für die Bewältigung des Pilgeransturms eingerichtet wurden. Außerdem sind die Kosten für Unterkunft und Verpflegung in den Pilgerlagern innerhalb eines Jahrzehnts auf mehr als das 20fache gestiegen.

Was bedeutet die Pilgerfahrt nach Mekka für den gläubigen Moslem eigentlich? Wenigstens ein einziges Mal im Leben muß sich der Moslem, sofern es seine Gesundheit und wirtschaftlichen Verhältnisse zulassen, einem strengen Ritual unterwerfen, um dem Geist des Propheten näherzukommen und so geläutert in seine Heimat zurückzukehren. Die wichtigste Etappe der „Großen Wallfahrt" beginnt in Medina, der 425 km nördlich von Dschidda im Landesinnern gelegenen „Stadt des Propheten", die wie Mekka für Nichtmoslems verboten ist. Nach stundenlangem Beten und hoffnungsvollem Warten in der bereits zu Lebzeiten Mohammeds erbauten Moschee gelingt es dem Pilger vielleicht, mit den Fingerspitzen das aus Marmor gemeißelte Grabmal des Propheten zu berühren, der dort 632 seine letzte Ruhestätte fand. Die Pilger, die dann den direkten Weg von Dschidda zu dem 70 km östlich im Gebirge gelegenen Mekka nehmen, legen 15 km vor Mekka an der Grenze zum Heiligen Bezirk nach gründlichen Waschungen das traditionelle Pilgergewand an, das alle Standesunterschiede äußerlich aufhebt. Der erste Weg in Mekka führt zur Großen Moschee, in deren Innenhof sich das Heiligtum der Kaaba befindet, ein 15 m hohes würfelförmiges Bauwerk aus Stein, das von einem kostbar bestickten schwarzen Tuch umhüllt ist. Siebenmal müssen die Pilger das Heiligtum umschreiten, dem sich die Moslems in aller Welt bei ihrem Gebet zuwenden. An manchen Tagen nehmen bis zu 300 000 Pilger an diesem Ritual teil. Der Heilige Bezirk umschließt nicht nur die Große Moschee mit der Kaaba und dem Zemzembrunnen, der heiliges Wasser spendet, sondern auch die beiden 400 m auseinander liegenden Felshügel Safa und Marwa, zwischen denen die Pilger im Gedenken an eine alte Überlieferung siebenmal hin- und hereilen müssen.

Im Anschluß daran besuchen die Pilger Mina, ein Wüstendorf in der Nähe Mekkas. Von dort marschieren sie zur etwa 10 km südöstlich von Mekka gelegenen Arafatebene, in deren Mitte sich ein kleiner Hügel, der Berg Arafat, erhebt. Der Prophet Mohammed hielt kurz vor seinem Tod von diesem Berg aus seine letzte Predigt, deren Bedeutung mit der der Bergpredigt Jesu vergleichbar ist. Auf dem Rückweg nach Mekka sammeln die Pilger in der Wüste 49 kleine Steine, um sie in Mina auf drei Steinsäulen, die das Böse verkörpern, zu werfen und sich so für die Versuchungen zu rächen, denen sie bisher erlegen sind. Vor dem Abschlußritual der Pilgerfahrt, das wiederum aus der siebenmaligen Umrundung der Kaaba und dem Hin- und Hereilen zwischen den Felshügeln Safa und Marwa besteht, bringen die Pilger in Mina noch ein Schlachtopfer: ein Schaf, eine Ziege, manchmal auch ein Rind oder ein Kamel, die nach den Vorschriften des Korans geschlachtet werden.

▲ *In Madain Saleh hinterließen die Nabatäer über 100 Felsengräber. An der Gestaltung der Fassaden läßt sich der Wohlstand des jeweiligen Stifters ablesen.*

Auch für Nichtgläubige

Sehenswerte Ruinenstätten

Die uralte Karawanenroute, die die Königreiche im Süden der Arabischen Halbinsel mit Palästina und Syrien verband, wird im Hinterland der Küste des Roten Meers von bedeutenden Ruinenstätten gesäumt: Al Ukhdud (in der Nähe von Najran), das Tal von Madain Saleh sowie die beiden Etappenorte Al Ula und Taima. Von Al Ukhdud, einst eine der glänzendsten Städte des Königreichs Saba, blieben nur die mit eingravierten Symbolen verzierte Stadtmauer sowie einige Belegstücke einer weit entwickelten Zivilisation (Mühlsteine, Mörser, Vasen u. a. m.) erhalten. Andere Dokumente beweisen, daß der Weihrauchhandel, ursprünglich eine Domäne der Nabatäer, auch in römischer und byzantinischer Zeit florierte. Die Nabatäer gründeten zu diesem Zweck in einem Tal rund 800 km nördlich von Dschidda einen bedeutenden Handelsposten, der heute Madain Saleh heißt. Hier blieben lediglich die Gräber erhalten: Grabstätten mit eindrucksvollen Fassaden, die entweder in die Felswände des Tals oder in riesige Findlinge gehauen wurden.

Dariya und Riad

Alte und neue Hauptstadt

Um die Mitte des 18. Jh. regierte Mohammed Ibn Saud als Emir die Oase Dariya, 15 km nordwestlich der heutigen Hauptstadt Riad. Als sich Ibn Saud mit dem Reformator Mohammed Ibn Abd Al Wahab verbündet hatte, wurde die Oasenstadt nach 1745 zur ersten Hauptstadt der Saudis. 1818 eroberten die Türken Dariya und machten es dem Erdboden gleich. Seither ist die frühere Residenz ein Ruinenfeld mit verfallenen Mauern und eingestürzten Palästen, das als Nationalmonument an die bewegte Geschichte des Königreichs erinnert.

Die heutige Landeshauptstadt, die ihrer schönen Gärten wegen Ar Riyadh (Die Gärten) genannt wurde (im Westen heißt sie meist nur kurz Riad), war ursprünglich eine Oasenstadt wie viele andere in Arabien auch: eine durch eine hohe Lehmmauer geschützte Ansammlung von Lehmhäusern mit vielleicht 6000–7000 Einwohnern. Nur drei größere Gebäude überragten die Dächer: der Palast des Emirs Turki Ibn Abd Allah, die Große Moschee und das Qasr al-Masmak, eine mächtige Lehmburg. Von diesen Bauten existiert lediglich noch die Burg mit ihren 16 m hohen und 2 m dicken Mauern. Die Hauptstadt entwickelte sich unter der Herrschaft von König Abd Al Asis (1902–1953)

▲ *In früheren Zeiten mußten sich die Oasenbauern der Arabischen Halbinsel immer wieder gegen die Angriffe räuberischer Nomaden verteidigen. Ihre Dörfer gleichen daher kleinen Festungen.*

zunächst nur langsam. Erst als die „Petrodollars" reichlicher flossen, verwandelte sich die ländliche Oase in eine echte Metropole, die mittlerweile rund 300 000, einschließlich ihrer weitläufigen Vororte sogar über 1 Mio. Einwohner beherbergt. Riad ist Regierungssitz, seit dem Herbst 1984 wurden auch das Außenministerium und die Botschaften, die ihren Standort bis zu diesem Zeitpunkt in Dschidda hatten, in die Hauptstadt verlegt. Diese ist nicht nur das Verwaltungszentrum, sondern auch der kulturelle Mittelpunkt des Königreichs. Sie besitzt eine Universität mit Fakultäten für arabische Sprache, Literatur und islamisches Recht sowie drei Akademien für das Polizeiwesen, die Streitkräfte und die Luftfahrt.

Das Stadtbild von Riad wird heute von modernen bis supermodernen Bauwerken geprägt (Wahrzeichen der Stadt ist der 72 m hohe, von einer deutschen Baufirma 1975 fertiggestellte Wasserturm), zwischen denen die wenigen erhaltenen Baudenkmäler aus dem vorigen Jahrhundert beinahe vollständig untergehen.

Dammam – Al Khobar – Dhahran

Städtedreieck am Persischen Golf

Die einzige Eisenbahnlinie der Arabischen Halbinsel verbindet Riad mit der Hafenstadt Dammam am Persischen Golf. Dort, an der Ostseite der Halbinsel, regiert das Erdöl, findet sich der Besucher, der nach der vierstündigen Eisenbahnfahrt aus den komfortablen Salonwagen steigt, in einer anderen Welt fern der heiligen Städte wieder. Die Städteplaner konnten hier ungestört „reinen Tisch" machen und neue Ortschaften wie Al Khobar oder Dhahran aus dem Wüstenboden stampfen, die einander mit ihrem eintönigen Schachbrettgrundriß, den klimatisierten Fertighäusern und den Betonwürfeln der Regierungsgebäude gleichen wie ein Ei dem anderen.

Dort, wo vor einem halben Jahrhundert nur wenige Beduinen und Fischer ein karges Dasein fristeten, leben und arbeiten heute dank der kräftig sprudelnden Erdölquellen mehr als 1 Mio. Menschen. Im Städtedreieck Dammam – Al Khobar – Dhahran bestimmen Förderplattformen, Pipelines, Raffinerien, Terminals und riesige Erdöltanker das Bild – eine künstliche, vollautomatisierte und gerade deshalb gegenüber Angriffen besonders anfällige Welt, die während der Golfkriege sorgfältig abgeschirmt wurde. Die saudi-arabische Wirtschaftsstruktur ist in einem weiteren Punkt krisenanfällig: die Arbeit in den Unternehmen wird größtenteils von Ausländern verrichtet, die ein sehr unterschiedliches Ansehen in Saudi-Arabien genießen. Die Abstufung reicht von den hochbezahlten Experten aus Nordamerika und Europa über Ägypter und Jemeniten bis hin zur Heerschar der Fremdarbeiter aus Pakistan und Indien.

▶ *Die mit sieben Minaretten geschmückte Große Moschee im Heiligen Bezirk der für Nichtmoslems verbotenen Stadt Mekka bietet Hunderttausenden von Pilgern Platz. Als Geburtsort des Propheten Mohammed ist sie der bedeutendste Wallfahrtsort des Islam.*

▲ *Sanaa wurde etwa um die Mitte des 6. Jh. n. Chr. zum erstenmal Hauptstadt des Jemen. Von einigen Moscheen und Wohnhäusern abgesehen, stammen die Gebäude im Zentrum der 2350 m hoch liegenden Stadt überwiegend aus dem 18. und 19. Jh.*

Jemen

Für die Bewohner des an der Südspitze der Arabischen Halbinsel gelegenen Jemen ging im Jahr 1990 ein alter Traum in Erfüllung: Das seit der Mitte des 19. Jh. zweigeteilte Land vereinigte sich zur Republik Jemen.

Die Wiedervereinigung, die schon seit vielen Jahren angestrebt worden war, kam als indirektes Ergebnis der Umwälzungen in Osteuropa zustande und ist damit der deutschen Vereinigung vergleichbar, die ja auch ohne die Entwicklungen in der ehemaligen Sowjetunion kaum denkbar gewesen wäre. Nach Wegfall der Wirtschaftshilfe aus Moskau blieb dem marxistisch orientierten Südjemen – bis zur Vereinigung als Demokratische Volksrepublik Jemen bekannt – als letzte Möglichkeit zur Abwendung des totalen Wirtschaftsruins nur noch die staatliche Verbindung mit dem ökonomisch wesentlich stärkeren Nordjemen, der bis dahin als Arabische Republik Jemen auf der Weltbühne agierte.

Abgesehen von der Küste des Roten Meers, die das Land im Westen begrenzt, sind die Grenzen der neuen Republik nicht eindeutig festgelegt: Im Norden des Landes gibt es zahlreiche Beduinenstämme, die der republikanischen Ordnung abweisend gegenüberstehen und eher das benachbarte Königreich Saudi-Arabien als ihre politische Heimat betrachten; im Osten geht das Land in die menschenleeren Sandwüsten der Rub al-Khali über, im Südosten des Landes schließlich sind die Grenzen zum Oman umstritten. Woran kann ein Ortsfremder bei einem derartig unklaren Grenzverlauf erkennen, daß er sich tatsächlich im Jemen befindet? Beispielsweise an der Art, wie sich die Menschen kleiden: Die *Dishdasha* (ein langes, hemdähnliches Gewand) der saudiarabischen Beduinen macht der *Futa* Platz; dieses

▲ *Für die Männer im Jemen ist die* Dschambiya, *der große, reichverzierte Krummdolch, ein unentbehrliches Statussymbol.*

▲ *Die Häuser im Jemen zeichnen sich nicht nur durch eine ungewöhnlich große Höhe, sondern auch durch reichen Fassadenschmuck aus. Meist werden dabei die verschiedenen Fensterdekorationen noch mittels eines weißen Anstrichs hervorgehoben.*

Stoffstück wird um die Taille geschlungen und reicht bis etwa zu den Knien. Die *Kafiya* oder *Gutra* der Nordaraber (ein schwarzweißes oder rotweißes Tuch, das von einer schwarzen Kordel auf dem Kopf gehalten wird) ist im Jemen kaum zu sehen, viele Jemeniten tragen statt dessen einen Turban. Darüber hinaus schmücken sich die Männer mit einem typisch jemenitischen Statussymbol: der berühmten *Dschambiya*, einem breiten Krummschwert, das mit einem Gürtel am Leib getragen wird.

Sanaa

Ein irdisches Paradies

Sanaa, das bis 1990 Hauptstadt des Nordjemen war, ist auch die Kapitale im nun wiedervereinten Land. Selbst wenn man der Legende, die Stadt sei von Sem, dem Sohn Noahs, gegründet worden, keinen Glauben schenkt, reicht die Geschichte Sanaas bis in vorchristliche Zeiten. Die an der legendären Weihrauchstraße gelegene Stadt, die laut dem berühmten jemenitischen Geschichtsschreiber Al-Hamdani im 2. Jh. v. Chr. errichtet wurde, bezeichnen die Araber als ein irdisches Paradies. Der „Perle Arabiens", wie sie die Stadt auch nennen, gilt eine alte arabische Redensart: „Sanaa ist selbst die längste Reise wert." Diese Bewunderung verdankt die Stadt neben der privilegierten Lage im Zentrum des fruchtbaren Grünen Jemen, von dem die alten Griechen im Gegensatz zur ausgebrannten Wüstenlandschaft der übrigen Arabischen Halbinsel als „Glückliches Arabien" sprachen, vor allem den Bauten, die man hier findet. Zwar ist von dem mit Bastionen verstärkten Mauerring, der die Stadt bis vor einem halben Jahrhundert umgab, kaum etwas erhalten geblieben, und auch von den ehemals acht Toren, die Einlaß in die Stadt gewährten, hat mit dem Bab al-Jemen nur eines überdauert.

Die Altstadt jedoch blieb glücklicherweise von einer zwischen 1963 und 1970 durch ägyptische Städtebauer betriebenen „Sanierung" weitgehend verschont. Reichverzierte Bürgerhäuser, die bis zu zehn Stockwerke

▶ *Die befestigten Dörfer im Bergland des Jemen scheinen förmlich aus den Felsen zu wachsen. Sie sind von Anbauterrassen umgeben, die Generationen fleißiger Bauern in harter Arbeit angelegt haben.*

▶ ▶ *Ein Bergdorf vor grandioser Kulisse; für seine Bewohner bildet der Anbau von Kath, eines Strauchs, dessen Blätter beim Kauen eine berauschende Wirkung entfalten, oft die einzige Existenzgrundlage.*

▲ *Die Talsohle des Wadi Dar nordwestlich von Sanaa ist ein fruchtbares Anbaugebiet; eigenwillig hebt sich das Grün der Gärten von den Rot- und Brauntönen der Mauern ab.*

hoch sind, erheben sich mit ihren prachtvollen, aus Basalt, Granit und bemalten Ziegelsteinen errichteten Fassaden. Auffällig sind vor allem die weiß umrahmten Fenster, in deren kunstvolles Gitterwerk farbige Gläser oder dünne, durchsichtige Alabasterscheiben eingelassen sind. An diesem Ort der Stille und vollendeten Wohnkultur spielt sich im Menschengewimmel der engen Gassen das tägliche Leben ab. Obwohl in den winzigen Läden der Basare zunehmend fernöstlicher Trödel und Plastikwaren verramscht werden, ist die althergebrachte Ordnung noch unangetastet: ein Gewürzhändler hat im Basar der Juweliere nichts zu suchen, und ebensowenig wird man in den Gassen der Schneider einen Blechschmied entdekken. Auch außerhalb des Altstadtkerns gibt es Sehenswürdigkeiten, etwa das frühere Türkenviertel im Vorort Bir al-Asab, in dem die Türken um die Jahrhundertwende Häuser errichteten, die eine geglückte Verbindung türkischer und jemenitischer Stilelemente aufweisen. Unbedingt besichtigen sollte man das in der Weststadt gelegene Judenviertel, das nach dem Exodus von 1949, als 60000 jemenitische Juden in den ein Jahr zuvor gegründeten Staat Israel übersiedel-

▶ *Die im 11. Jh. von Ismaeliten gegründete Bergstadt Dschiblah war zeitweise Hauptstadt der Arabischen Republik Jemen. In der auf einem steilen Basaltkegel gelegenen Oberstadt befinden sich einige der schönsten Minarette des Landes.*

▲ *Die jungen, zarten Blätter des Kathstrauchs enthalten eine Droge, die freigesetzt wird, wenn man die Blätter intensiv kaut. Der Genuß von Kath gehört für die meisten Jemeniten zum festen Tagesablauf.*

ten, jahrelang verödet war und jetzt vor allem Regierungsgebäude und Geschäftshäuser beherbergt.

Sanaa kann man nicht auf einer Stadtrundfahrt kennenlernen, die Stadt gibt ihre Geheimnisse nur Schritt für Schritt preis. Bei einem Bummel durch die Gassen stößt man auf einige der insgesamt 45 Moscheen, etwa die des Mahdi Abbas (16./17. Jh.) oder die sehenswerte Bakiliye-Moschee, auf eine über den Resten einer Sabäer-Burg errichtete Festung oder auf das Nationalmuseum im ehemaligen Palastbezirk. Natürlich begegnet man auch den Landestöchtern, deren Gesichter sich hinter schwarzen, mit Gold- und Silberstickereien verzierten Schleiern nur erahnen lassen.

Kath

Ein nationales Laster

Sanaa besitzt nicht das Monopol auf architektonische Kostbarkeiten, fast überall im Jemen gibt es sehenswerte Bauwerke. Eine vier- oder fünftägige Rundfahrt über die Hochplateaus zwischen der Rub al-Khali und dem Roten Meer genügt, um einige davon kennenzulernen. Man sollte sich auch Zeit für die kleinen befestigten Dörfer nehmen, die auf unzugänglichen Graten und Bergspitzen thronen. Die Menschen leben hier in sechs- bis achtstöckigen Häusern, deren Baustil seit den Tagen der legendären Königin von Saba unverändert geblieben zu sein scheint. Rund um die Dörfer sind die Berghänge von den Talauen bis hinauf zu den Gipfeln von Anbauterrassen überzogen, die durch niedrige Steinmauern gestützt werden. Auf den oft nur handtuchschmalen Feldern bekommt das traditionell vorherrschende Brotgetreide zunehmend Konkurrenz durch ein Gewächs, das für das tägliche Leben im Jemen eine entscheidende Rolle spielt. Die Rede ist vom Kathstrauch *(Catha edulis)*, dessen Kultur seit dem 15. Jh. in Südarabien besonders gepflegt wird. Während der Anbau dieses immergrünen, schnell wachsenden Strauches sich über das Rote Meer hinweg nach Äthiopien und Somalia ausgebreitet hat, ist er in Saudi-Arabien aus gutem Grund verboten: Die jungen, zarten Blätter der Pflanze enthalten eine Droge, deren berauschende Wirkung sich durch intensives Kauen entfaltet. Im Jemen gehört der Konsum von Kath für fast alle Männer zum Alltag, häufig kauen aber auch Frauen und Kinder Kath. Jedes jemenitische Haus besitzt einen eigens für das gemeinsame Kathkauen eingerichteten Raum, der entweder im obersten Stockwerk oder auf dem flachen Dach liegt. Nach einer ausgedehnten Kathsitzung, während der die Männer ihren stillen Genuß nur durch das gelegentliche Trinken eines Schlucks Wasser unterbrechen, mit dem sie den Pflanzensaft herunterspülen, kehren die Gäste mit verschleiertem Blick nach Hause zurück. Neuerdings lehnen viele junge Frauen den zweifelhaften Genuß ab, weniger aus gesundheitlichen denn aus optischen Gründen: Sie wollen ihre Schönheit nicht durch die aufgeblähten Hamsterbacken entstellen, die zum typischen Anblick eines Kathgenießers gehören. Kath ist zwar keine „harte“ Droge, verursacht aber Appetitlosigkeit und soll bei übermäßigem Genuß auch die Manneskraft schwächen. Hinzu kommt, daß der Kathkonsum, dem manche Haushalte nahezu die Hälfte ihres Einkommens opfern, die Arbeitsmoral beeinträchtigt und somit schwerwiegende Folgen für die Wirtschaft des Landes hat. Keiner Regierung ist es jedoch bisher gelungen, dieses nationale Laster auszurotten, und ein 1972 im Nordjemen erlassenes Dekret, das den Kathgenuß verbot, blieb ebenso wirkungslos wie die begleitende Aufklärungskampagne.

▼ *Bei Marib am Rand der Wüste Rub al-Khali ragen diese monolithischen Pfeiler in den Himmel. Sie gehören zu einem noch nicht freigelegten Heiligtum, das dem Mondgott der Sabäer, Ilimkuh (Almakah), geweiht war.*

Zwischen Taiz und Marib

Auf den Spuren der Königin von Saba

Rund 200 km nördlich von Sanaa liegt an einem der Kreuzungspunkte der alten Karawanenrouten die Stadt Sada. Umschlossen wird sie von einer Lehmmauer, über welche die Kuppeln kleiner Heiligtümer ragen. Innerhalb des Mauerrings befinden sich alte Lehmhäuser, deren weißumrahmte Fensteröffnungen ebenso wie die reichverzierten Türen und Dachzinnen auf eine harmonische Verbindung jemenitischer und saudiarabischer Architektur hinweisen. Den besten Einblick in den Altstadtkern und in das Alltagsleben seiner Bewohner erhält man bei einem Spaziergang auf der Lehmmauer.

Taiz, am entgegengesetzten Ende der Straße, die die ehemalige Arabische Republik Jemen von Nord nach Süd durchzieht, wirkt wesentlich nüchterner als Sada. Die auf mehreren Hügeln am Fuß des Dschebel Sabir erbaute Stadt ist für ihr angenehmes Klima bekannt. Im Stadtkern sind vor allem die Aschrafiya-Moschee (13./14. Jh.) und die etwa 100 Jahre ältere Musaffar-Moschee sehenswert. Bemerkenswert sind auch die Marktfrauen von Taiz, die sich als tüchtige

Kaufleute eine starke Stellung innerhalb der Gesellschaft erkämpft haben – im Gegensatz zu vielen ihrer Geschlechtsgenossinnen in anderen islamischen Ländern.

In der Umgebung von Sanaa lädt das altertümliche Städtchen Ibb mit einem Dutzend Moscheen, engen Gassen und einem antiken Aquädukt zu einem Abstecher ein. Nur wenige Kilometer entfernt liegt die Bergstadt Dschiblah, in der es 60 Moscheen geben soll, darunter die Große Moschee, die im 11. Jh. entstand, als Dschiblah eine Hochburg der Ismaeliten war. Der Ausflug von Sanaa nach dem am Rand der Rub al-Khali gelegenen Marib führt zurück in die Zeit der Königin von Saba, über die nicht nur die Bibel und der Koran zu berichten wissen, sondern die auch viele Künstler des Morgen- und Abendlandes zu Meisterwerken inspiriert hat – und dies, obwohl es bisher keine Beweise für ihre Existenz gibt. Das Reich der Sabäer mit seiner Hauptstadt Marib ist jedoch durch zahlreiche archäologische Dokumente verbürgt. Wohl bereits um 1000 v. Chr. entstanden, war sein Niedergang nach einer Glanzzeit im 8.–6. vorchristlichen Jahrhundert erst im 6. Jh. n. Chr. besiegelt. An die Blütezeit Maribs, das heute zu einem kümmerlichen Marktflecken zusammengeschrumpft ist, erinnern mehrere imposante Tempelruinen. Auch die Überreste ausgedehnter Bewässerungsanlagen sind erhalten, deren Kernstück ein 600 m langer, mit Steinen verkleideter Staudamm war, dessen endgültiger Zusammenbruch um etwa 600 n. Chr. als Strafe Gottes und Zeichen der Weltwende gedeutet wurde. Er gilt als eines der größten technischen Bauwerke der Antike. Der nach dem Zweiten Weltkrieg ausgegrabene Awwamtempel ist nach Überzeugung der Jemeniten ein Werk der Königin von Saba. Das Heiligtum, von dem eine Säulengalerie, ein Portal und eine Ummauerung erhalten sind, war dem Mondgott der Sabäer geweiht.

Mokka

Das schwarze Gold Arabiens

Wenn heutzutage vom flüssigen Gold Arabiens die Rede ist, weiß jeder, daß es sich um Erdöl handelt. Lange bevor man sich für die

▶ *Die Sommerresidenz des Imams Jahja (1904–1948) im Wadi Dar wurde in den 30er Jahren erbaut.*

▶ ▶ *Die Häuser im südjemenitischen Wadi Duan sind schlichter als die in der alten Hauptstadt Sanaa gestaltet; auch sie wurden ausschließlich mit natürlichen Materialien (Stampflehm, Lehmziegel, Steine und Holz) errichtet.*

▲ *Blick auf eine Moschee und die weißgetünchten Kaufmannshäuser der Hafenstadt Mukalla an der Südküste der Arabischen Halbinsel. Um die Mitte des 17. Jh. wählte ein Sultan die Stadt zu seiner Residenz und baute sie zu einem führenden Handelsplatz aus.*

Erdölvorkommen der Arabischen Halbinsel interessierte, gab es im Jemen jedoch ein anderes Gut, das damals mindestens ebenso hoch im Kurs stand wie heute das Erdöl. Es handelt sich um Kaffee, der noch im 17. Jh., als die ersten Kaffeehäuser in Europa öffneten, ausschließlich aus dem Jemen kam. Zum wichtigsten Ausfuhrhafen entwickelte sich seit dem 15. Jh. die Stadt Mocha, deren Namen das anregende Getränk mit auf die Reise nahm. Lange schon hat der Jemen seine führende Rolle im Kaffeehandel eingebüßt; Mexiko ist heute größter Kaffeeproduzent. Seit Mitte der 80er Jahre hier Erdölreserven erschlossen werden konnten, hat das Erdöl auch den Jemen erobert.

Richtung Süden

Aden und die Wiedervereinigung

Der südliche Teil des Jemen besitzt mit der Hafenstadt Aden, die bis zur Wiedervereinigung Hauptstadt der Demokratischen Volksrepublik Jemen war, einen wichtigen Handelsplatz, dessen Geschichte von zahlreichen Wechselfällen geprägt ist. Die einzigartige Lage an der Nahtstelle zwischen Afrika und Asien und sein hervorragender Naturhafen machten Aden schon im 5. Jh. v. Chr. zu einem bedeutenden Umschlagplatz für den Fernhandel. Diese Rolle spielte der Hafen bis zum ausgehenden Mittelalter, und erst als Vasco da Gama im Jahr 1498 die Indienroute über das Kap der Guten Hoffnung entdeckte, setzte ein bis zum 19. Jh. währender Niedergang Adens ein. So war es in erster Linie strategisches Interesse, das die Briten nach Napoleons Landung in Ägypten veranlaßte, das am Eingang zum Roten Meer gelegene Eiland Perim zu erobern, um hier einen Stützpunkt gegen die Expansion der Franzosen in Ostafrika und Südasien zu schaffen.

Als die Engländer dann 1839 auch Aden eroberten, war der ehemals prachtvolle Hafen nur noch ein kleines Fischerdorf mit knapp 500 Einwohnern. 1869 erfuhr die Hafenstadt durch den Bau des Sueskanals eine neue Blüte. Das Rote Meer wurde zum Bindeglied zwischen West und Ost, und Aden entwickelte sich rasch zu einer bedeutenden Großstadt. Erst als der Sueskanal in den Kriegen zwischen Israel und seinen arabischen Nachbarn gesperrt wurde und die Schiffe den weiten Weg um die Südspitze Afrikas nach Europa nahmen, begann der Stern Adens wieder zu sinken.

Die Altstadt Adens ist in den Krater eines erloschenen Vulkans hineingebaut. Hier steht die Moschee des Sayid Abdullah al-Aidrus, des Schutzheiligen der Stadt. Am nördlichen Rand der Altstadt liegen die Zisternen von Tauila, die in einigen Reiseführern als „Zisternen der Königin von Saba“ bezeichnet werden. Die 17 Becken sind zum Teil in die Felswände des Kraters gehauen und können insgesamt etwa 45 Mio. l Wasser auffangen. Wahrscheinlich wurden sie im 1. Jh. n. Chr. angelegt.

Ungeachtet seiner glanzvollen Vergangenheit blickt der Jemen in eine ungewisse Zukunft. Immer rascher ist in dem lange hermetisch von der Außenwelt abgeschlossenen Land die Moderne auf dem Vormarsch. Als

▲ *Das Städtchen Dhubayyat in der Nähe von Aden besitzt eine sehenswerte Moschee, deren Unterbau einer ägyptischen Stufenpyramide gleicht.*

Antwort auf die proirakische Haltung des Jemen im Zweiten Golfkrieg schickte Saudi-Arabien fast 1 Mio. jemenitischer Gastarbeiter in ihre Heimat zurück und verschärfte so die angespannte Wirtschaftslage. Auch die Ölreserven des Landes sind nicht unerschöpflich. Darüber hinaus gibt es nach dem Zusammenschluß der beiden Jemen noch zahlreiche Reibungsflächen zwischen den ehemals feindlichen Brüdern. Besonders einige Auswüchse des Fundamentalismus, der vor allem im Nordjemen beheimatet ist, stoßen bei vielen Bewohnern des liberaleren Südens auf Unverständnis. Die nach der Scharia vollstreckten Strafen sind teilweise so grausam, daß sie nicht nur von Ausländern als unmenschlich empfunden werden. Dennoch dürfte nach der Überwindung von Anpassungsproblemen die Wiedervereinigung die vielleicht letzte Möglichkeit bieten, daß der Jemen wieder zu dem „Glücklichen Arabien" wird, das er einmal war.

▶ *Im Wadi Hadramaut liegt der Grundwasserspiegel nicht sehr tief unter der Bodenoberfläche. Die Talsohle kann daher als Bewässerungsland genutzt werden.*

▶ ▶ *Die Oasenstadt Tarim drängt sich im Wadi Hadramaut an den Fuß mächtiger Kalksteinfelsen.*

▲ *Das Ruinenfeld Ktesiphon wird von den Überresten eines Palastes beherrscht, der vermutlich unter dem Sassanidenherrscher Ardschir I. im 3. Jh. errichtet wurde. Die Fassade des Südflügels mit dem Gewölbebogen, dem größten ungestützten Ziegelsteinbogen der Welt, ist mittlerweile restauriert.*

Irak

Das Zweistromland erlebte in seiner langen Geschichte schon manche Höhen und Tiefen. Nach den beiden Golfkriegen steht die Republik jedoch vor dem Zerfall – große Teile des Landes unterliegen nicht mehr der Kontrolle der Zentralregierung.

Die Syrische und Arabische Wüste im Westen und Süden, die unwirtlichen türkischen und iranischen Hochgebirge im Norden und Osten, nur eine schmale Pforte zum Persischen Golf im Südosten – nach dieser Beschreibung ist man nicht geneigt, den Irak um seine Lage zu beneiden. Doch das Tiefland, das sich vom Persischen Golf aus nach Nordwesten erstreckt, wird von zwei wasserreichen Flüssen durchquert, denen das „Zweistromland" seinen frühen Wohlstand verdankt und die bereits auf der ältesten Landkarte der Welt, einer Tontafel aus der Zeit um 3800 v. Chr., eingezeichnet sind: Euphrat und Tigris. Beide entspringen im ostanatolischen Hochland, schlagen zunächst getrennte Wege ein, nähern sich bei Bagdad bis auf eine Distanz von etwa 30 km, um dann wieder die Richtung zu wechseln und schließlich eine gemeinsame, bis 200 km breite Stromebene zu bilden. Auf den letzten 110 km ihres Laufs vereinigen sich die beiden Flüsse zu dem Mündungsstrom Schatt el-Arab.

Schon im 5. Jt. v. Chr. entstanden im Zweistromland die ersten Ackerbaukulturen. Ab 3000 v. Chr. gründeten hier die Sumerer, die bereits eine eigene Schrift besaßen und Träger der ersten belegten Hochkultur von Mesopotamien waren, zahlreiche Stadtstaaten. Grundlage der hohen Entwicklungsstufe der Sumerer war ein ausgeklügeltes System von Be- und Entwässerungsanlagen, das wiederum ein straff organisiertes Staatswesen voraussetzte. Den Sumerern folgten um 2350 v. Chr. die Akkader, die un-

▲ *In den Sumpfgebieten Mesopotamiens: kunstvoll aus Schilf geflochtene Hütten der Ma'dan*

ter Sargon I. das erste Großreich schufen; um 2000 v. Chr. kamen die Babylonier und Assyrer, später, im 7. Jh. v. Chr., wurden die Assyrer von den Babyloniern besiegt, dann folgten im 6. Jh. v. Chr. die Perser, bis das Land dann 331 v. Chr. von Alexander dem Großen erobert wurde. Als die Abbasiden, Zeitgenossen Karls des Großen, nach Jahrhunderten des wirtschaftlichen und kulturellen Verfalls die Bewässerungsanlagen wieder instand setzen ließen, erblühte Bagdad unter dem Herrscher Harun Ar Raschid als Hauptstadt eines islamischen Großreichs.

Der Einfall der Mongolen im Jahr 1258 leitete endgültig den Zerfall der alten Kulturlandschaft ein, sie zerstörten die Bewässerungssysteme, Mesopotamien verödete. Später mußte der Irak jahrhundertelang die Fremdherrschaft der Türken ertragen, bevor er dann im 20. Jh. das Schicksal vieler Staaten Vorderasiens teilte: Nach dem Ersten Weltkrieg wurde das Land britisches Mandatsgebiet. Die neuen Machthaber setzten 1921 Faisal I. aus der Dynastie der Haschimiden als König ein. Im Jahr 1932, als das Mandat erlosch, wurde das Land zwar formell in die Unabhängigkeit entlassen, stand aber weiterhin unter dem Einfluß Großbritanniens. Erst 1958 stürzten nationalistische Offiziere die Monarchie.

Der jungen Republik standen turbulente Zeiten bevor: Mehrere Staatsstreiche und Kurdenaufstände erschütterten den Irak, bis Ende der 60er Jahre die arabisch-sozialistische Baath-Partei an die Macht kam, unter deren Führung eine Phase der Neuorganisation von Wirtschaft und Gesellschaft eingeleitet wurde. 1980 rückte der Irak ins Zentrum der Weltöffentlichkeit, als das Land unter seinem Präsidenten Saddam Hussein den Golfkrieg mit dem benachbarten Iran vom Zaun brach, der bis 1988 dauerte und auf beiden Seiten Hunderttausende von Toten forderte. In der knapp zweijährigen Waffenruhe nach dem Ende des Ersten Golfkriegs rüstete das Regime in Bagdad weiter auf und vertrieb die kurdischen Rebellen im Norden der Republik mit brutaler Waffengewalt aus ihren Siedlungsgebieten.

Im August 1990 holte Saddam Hussein zu einem neuen Schlag aus. Diesmal traf es den kleinen Golfstaat Kuwait, der von irakischen Truppen besetzt und kurz darauf zur 19. irakischen Provinz erklärt wurde. Mitte Januar 1991 lief das von der UNO gesetzte Ultimatum zum Abzug der irakischen Truppen aus Kuwait ab – die antiirakische Allianz reagierte mit Angriff. Mit massivem Einsatz modernster Waffen gelang es den alliierten Streitkräften, die irakische Armee aus Kuwait zu vertreiben. Das von der UNO verhängte Handelsembargo traf die Wirtschaft des Irak schwer. Zur Zeit sind die Einnahmen aus dem Ölexport auf 5 % ihres Standes vor Beginn des Zweiten Golfkriegs gesunken. Da die Einfuhr von Ersatzteilen und Rohstoffen aus dem Ausland durch den Boykott fast zum Erliegen kam, ist die irakische Industrie seit 1991 beinahe lahmgelegt. Als Kriegsentschädigung verlangen der Iran und Kuwait mehrere Milliarden Dollar.

Untermesopotamien

Geheimnisvolle Kulturen

Die Sumpfgebiete am Euphrat, Tigris und Schatt el-Arab waren bis in unser Jahrhundert hinein weitgehend eine *Terra incognita*, ein unerforschter, weißer Fleck auf der Landkarte. Über die Völker, die dort beheimatet sind, wurde verschiedentlich von Reisenden berichtet, die allerdings niemals bis zum Herz der Sumpfgebiete vorgedrungen waren. Erst in den 50er Jahren begann man dieses wenig einladende Überschwemmungsgebiet mit seinen Brackwassersümpfen und Moskitoschwärmen näher zu erforschen und stieß auf ein Volk, das sich in seiner Lebensweise hervorragend an die Um-

▲ *Für die Ma'dan, das „Volk der Schilfleute", ist die lange, schwarze* Tarada *das ideale Verkehrsmittel. Das Boot verfügt nur über einen geringen Tiefgang, und sein spitzer Bug schneidet wie ein Pflug durch das dichte Schilfröhricht.*

weltbedingungen angepaßt hat. Die Rede ist von den Ma'dan, die ihre Hütten mitten im Sumpf errichten – sei es auf einer kleinen Insel mit festem Boden oder auf einer Schilfplattform. Die Herkunft dieses Volkes liegt im dunkeln, womöglich sind die Ma'dan Nachfahren ehemaliger Sklaven und Leibeigener, denen die unzugängliche Sumpflandschaft als ein idealer Zufluchtsort vor den Nachstellungen ihrer Besitzer erschien. Traditionell bestreiten die Ma'dan ihren Lebensunterhalt mit der Wasserbüffelzucht, erst in jüngerer Zeit hat sich dem Volk mit dem Verkauf von Schilfmatten eine neue Erwerbsquelle erschlossen.

Die Behausungen der Ma'dan besitzen eine verblüffende Ähnlichkeit mit den Hütten, die auf sumerischen Reliefs aus dem 2. Jt. v. Chr. dargestellt sind. An einem bogenförmigen Gerüst aus Schilfbündeln sind Matten aus Schilfgeflecht befestigt, die an der Eingangsseite eine von zwei Schilfsäulen flankierte Türöffnung frei lassen; Ecken und Seitenwände der Hütten sind mit ähnlichen Säulen geschmückt. An der Vorder- und Hinterseite bestehen die Wände aus weitmaschig geflochtenen Matten, die Licht und

▲ *Das Ischtartor in Babylon wurde nach den Ausgrabungen rekonstruiert. Seine Fassade ist mit den Reliefs heiliger Tiere geschmückt.*

Luft durchlassen, während das Dach der Hütten aus dichtgeflochtenen Matten besteht. Manche dieser Hütten sind bis zu 5 m hoch. Von der ganzen Dorfgemeinschaft genutzt, erreichen diese Gebäude eine Länge von 30 m. Um eine dieser „Schilfkathedralen" fertigzustellen, müssen 100 Männer 20 Tage lang hart arbeiten. Die Einrichtung der Gemeinschaftshütten ist spartanisch: nur ein paar riesige Kaffeekessel aus Kupfer und an den Wänden etliche Vogelköpfe als Jagdtrophäen. Die meiste Zeit ihres Lebens verbringen die Ma'dan indes auf ihren Booten, den langen, schwarzen *Taradas*, deren Form an die Gondeln in Venedig erinnert.

◀ *Dieser aus Alabaster gefertigte Frauenkopf, den Archäologen in Uruk fanden, hat heute seinen Platz im Irakischen Archäologischen Museum in Bagdad. Die Augen und Brauen bestanden ursprünglich aus farbigen Steinen.*

Ur und Babylon

Metropolen des alten Orients

Anfang der 30er Jahre entdeckte der britische Archäologe Sir Leonard Woolley bei Grabungen im Ruinengebiet von Ur in einer 15 m tiefen Grube unter einer dicken Lage von Scherben eine Lehmschicht, die Siedlungsschutt aus behauenen Steinen überdeckte. Diese Schichtenfolge konnte er auch bei einer anderen Grabung feststellen: Über den Resten einer menschlichen Siedlung hatte sich offenbar bei einer gewaltigen Überschwemmung eine mehr als 2 m dicke Lehmschicht abgelagert. Über die Ursachen dieser Flutkatastrophe gehen die Meinungen der Forscher auseinander, wahrscheinlich aber hängen sie mit den beiden Flüssen Euphrat und Tigris zusammen, die nach der Schneeschmelze im Quellgebiet unberechenbar sind und von denen man weiß, daß sie in der Vergangenheit mehrfach ihren Lauf geändert haben. Kein Wunder, daß in diesem Land der Mythos von der Sintflut seinen Ursprung hat. Die Überschwemmungskatastrophe war für die damaligen Bewohner Mesopotamiens ein derart einschneidendes Ereignis, daß sie als Legende im akkadischen Gilgamesch-Epos und später, in leicht abgewandelter Form, als göttliches Strafgericht im Alten Testament verewigt wurde.

▶ *Die berühmte Zikkurat von Ur, ein ursprünglich etwa 20 m hoher Stufentempel, ist dem sumerischen Mondgott Nanna geweiht. Im Zweiten Golfkrieg wurde das einzigartige Bauwerk glücklicherweise nur leicht beschädigt.*

▲ *Die Stadt Basra am Schatt el-Arab besitzt eine schiitische Hauptmoschee, deren Kuppeln und Minarette nach persischer Art mit bunten Fayencefliesen geschmückt sind.*

Ende des 3. Jt. v. Chr. bot die Landschaft, in der Ur lag, einen ganz anderen Anblick als heute. Statt der Wüste dehnten sich sorgfältig bewässerte Felder um den mächtigen Stadtstaat aus, und der Euphrat, der heute weit entfernt von den Ruinen fließt, umspülte die Stadtmauern. Wenn man sich heute Ur nähert, gewahrt man zuerst die Silhouette der berühmten Zikkurat, des Stufentempels. Die Wissenschaftler gehen davon aus, daß das pyramidenähnliche Bauwerk, wahrscheinlich im 21. Jh. v. Chr. auf einem noch älteren Bau errichtet, dem Mondgott Nanna geweiht war.

Die Grabungsstätten fordern vom Besucher viel Vorstellungskraft, nur mit Mühe kann er sich in der komplizierten Folge der Siedlungsschichten – für erfahrene Wissenschaftler ein aufgeschlagenes Buch – zurechtfinden. Im antiken Uruk beispielsweise reicht der Schichtenstapel von der Vorgeschichte des Zweistromlandes bis zur Zeit der Seleukiden und Parther; über dem natürlichen Erdboden lagern hier 18 Siedlungsschichten. In ihnen fanden die Forscher erste Schriftzeichen, Steinmosaiken und ein aus weißem Stein gemeißeltes Frauenhaupt, das eines der Glanzstücke des Archäologischen Museums in Bagdad ist.

Obwohl die Künstler in Mesopotamien sonst nur äußerst selten Stein für ihre Werke verwendeten, sind in Ur, wo damals schon 24000 Menschen gelebt haben sollen, dennoch kleine Tempel, Straßen und Königsgräber erhalten geblieben. In diesen Gräbern fand Sir Leonard Woolley die sterblichen Überreste von Soldaten, Dienern, Musikanten und Würdenträgern, die zur Begleitung ihrer Herren geopfert worden waren. Die Gräber enthielten darüber hinaus große Mengen von Schmuckstücken, Gold- und Silbergeschirr sowie Waffen, die jetzt ebenfalls im Archäologischen Museum in Bagdad ausgestellt sind. Sie zeugen von einer Kultur, die viel weiter entwickelt war als zeitgleiche Kulturen in Ägypten.

Das antike Babylon Hammurapis, der den Thron 1728 v. Chr. bestieg, existiert nicht mehr. Durch diesen König wurde die Stadt am mittleren Euphrat zur herrschenden Metropole von Mesopotamien. Hammurapi war einer der großen Gesetzgeber der Geschichte; seine Gesetzessammlung auf einer Steinsäule oder Stele, die bei Susa gefunden wurde und heute im Louvre steht, zeigt den hohen Stand der Rechtsprechung 1500 Jahre vor der Entwicklung des römischen Rechts. Die zwischen 1899 und 1917 von deutschen Archäologen durchgeführten Ausgrabungen legten hauptsächlich die Stadt des neubabylonischen Reichs der Chaldäer (seit 626 v. Chr.) frei, unter dessen König Nebukadnezar II. Babylon seinen größten Glanz entfaltete. Jahrhunderte später wollte Alexander der Große Babylon zur Residenz seines asiatischen Reichs machen, ehe er hier 323 v. Chr. an einem Malariaanfall starb.

Von den berühmten „Hängenden Gärten“ der Semiramis und dem legendären „Turm von Babel“ (einer Zikkurat mit sieben Stockwerken) sind bedauerlicherweise nur Spuren erhalten. Eine Besichtigung lohnen vor allem das Ischtartor (eine Rekonstruktion), 12 m hoch und mit den Reliefs heiliger Tiere geschmückt, die Ruinen des Großen Stadtpalastes von Nebukadnezar II., die prachtvolle Prozessionsstraße sowie der aus einem etwa 10 t schweren Basaltblock gehauene „Löwe von Babylon“ – wahrscheinlich eine hethitische Arbeit, die als Kriegsbeute nach Babylon gebracht wurde.

Bagdad

Die sagenumwobene Hauptstadt

Die Hauptstadt der Republik ist mit ihren 3,8 Mio. Einwohnern (rund einem Fünftel aller Iraker) das Verwaltungs-, Wirtschafts- und Kulturzentrum des Landes. Obwohl sich zahlreiche Legenden um Bagdad ranken, ist die beiderseits des Tigris liegende Stadt wesentlich jünger als die Ruinenstädte von Mesopotamien. Bagdad wurde „erst“ im 8. Jh. v. Chr. vom Kalifen Al Mansur gegründet, nachdem die Araber die Sassanidenkönige verjagt hatten und das Zweistromland unter den Abbasidenkalifen eine Renaissance erlebte. Sechs Kalifen hatten ihre Residenz in Bagdad (bevor der Kalifensitz vorübergehend nach Samarra verlegt wurde), darunter Harun Ar Raschid (786–809), der mit Karl dem Großen Gesandtschaften ausgetauscht haben soll. Sein Sohn und Thronfolger Mamun (813–833) gründete in Bagdad eine Übersetzerschule. Die Übersetzer wurden für ihre Arbeit mit Gold im Gewicht des Buches entlohnt – ein angemessenes Ent-

▶ *Das Minarett Suk el-Ghasel in Bagdad – eines der wenigen noch erhaltenen Baudenkmäler, die die Stadt aus der Zeit der Abbasidenkalifen besitzt*

▲ *Nichtmoslems müssen sich mit einem Blick auf die vergoldeten Kuppeln der Großen Moschee von Kasimijja, einem Vorort Bagdads, begnügen. In der Moschee ruhen die Gebeine von zweien der zwölf schiitischen Glaubensführer.*

gelt, wenn man bedenkt, daß ohne die Übertragung ins Arabische wohl die meisten Werke des Altertums verlorengegangen wären. Die Medizin und die Astronomie machten unter der Herrschaft der Abbasidenkalifen gewaltige Fortschritte. Europäische Reisende rühmten die Schönheit und den Luxus der Stadt in den höchsten Tönen, aber von der Pracht orientalischer Residenzen begann Europa erst eingehend Notiz zu nehmen, als Antoine Galland zu Beginn des 18. Jh. in Frankreich die erste Übersetzung der Geschichten- und Märchensammlung *Tausendundeine Nacht* veröffentlichte.

Zu diesem Zeitpunkt war das alte Bagdad schon annähernd 500 Jahre tot. Am 20. Februar 1258 hatten die Mongolen unter ihrem Anführer Hulagu, einem Enkel Dschingis-Khans, die Metropole am Tigris gestürmt, die gesamte Einwohnerschaft niedergemetzelt und die Gebäude gebrandschatzt. Wie es heißt, wurden die abgeschlagenen Köpfe der Dichter und Gelehrten als Trophäen mitgenommen, und am folgenden Tag soll sich der Tigris schwarz von der Asche der kostbaren Handschriften gefärbt haben. Die wenigen verbliebenen Baudenkmäler des alten Bagdad sind um so wertvoller: die Reste des Abbasidenpalastes, die ehemalige Medrese Mustansirijja (13. Jh.) – vielleicht die älteste Universität der Welt, später als Karawanserei und Zollstation genutzt –, das Minarett Suk el-Ghasel.

Während des Zweiten Golfkriegs wurde die irakische Hauptstadt von den Alliierten wochenlang massiv bombardiert. Wer sich die Fernsehbilder von den nächtlichen Luftangriffen anschaute, die damals ausgestrahlt wurden, mußte den Eindruck gewinnen, daß eine Stadt in Schutt und Asche versank. Doch sind die materiellen Kriegsschäden zum Glück weit geringer als befürchtet und inzwischen zum größten Teil beseitigt. Keine Sehenswürdigkeit Bagdads wurde schwer beschädigt, schon heute erscheint die Stadt wieder weitgehend heil; die menschlichen Tragödien spielen sich unter Ausschluß der Öffentlichkeit ab.

Archäologische Schätze hält das Irakische Archäologische Museum, eines der bedeutendsten Museen der Welt, bereit. Während der Luftangriffe wurden wie durch ein Wunder nur die Außenmauern beschädigt, die Schätze im Innern blieben unversehrt. Die Objekte vermitteln ein anschauliches Bild von den städtischen Kulturen Mesopotamiens. Staunend steht der Besucher dort vor den Exponaten: der berühmten sumerischen Harfe aus Ur, einem Dolch mit feinziselierter Scheide aus den Königsgräbern von Ur, Alabasterstierköpfen, Dioritstatuen, sumerischen Schmuckstücken oder Mosaiken aus Uruk. Das Museum birgt noch eine besondere Kostbarkeit: den Bronzekopf eines akkadischen Königs, vermutlich Sargon I., der um 2300 v. Chr. die rivalisierenden Stadtstaaten Mesopotamiens vereinigte und das Großreich von Akkad gründete, das sich von Persien bis nach Syrien erstreckte.

▶ *Die schiitischen Heiligtümer von Karbala, die Al-Abbas- und die Al-Hussein-Moschee, sind für Nichtgläubige ebenfalls strengstens tabu. Wer einen Blick durch das Portal ins Innere werfen kann, darf sich glücklich schätzen.*

An Nadschaf und Karbala

Bastionen des Glaubens

Auch wenn die irakische Hauptstadt nur noch wenige sehenswerte Baudenkmäler besitzt – ihren Sinn für die Tradition haben

▲ *Die Große Moschee von Kasimijja beherrscht einen weiten Hof, der von zweistöckigen Spitzbogenarkaden flankiert wird. Über dem Haupteingang erhebt sich ein Uhrturm.*

sich die Nachfahren Harun Ar Raschids bewahrt. Seit 635/36 n. Chr., als arabische Heere unter dem grünen Banner des Propheten in Mesopotamien einzogen, ist das Land eine Hochburg des Islam. Die Moslems sind hier allerdings wie in den meisten anderen arabischen Staaten auch längst keine in sich geschlossene, homogene Gruppe mehr, sondern bekennen sich etwa zu gleichen Teilen zu den beiden großen islamischen Glaubensrichtungen: der Schia und der Sunna. Der Streit um die rechtmäßige Nachfolge des Propheten Mohammed spaltete den monolithischen Block des Islam in Schiiten und Sunniten. Vor allem für die Schiiten ist das Tiefland beiderseits der Ströme Euphrat und Tigris heiliger Boden, denn viele ihrer Heiligen liegen hier begraben.

In der Großen Moschee von Al Kufa, einem südlich von Bagdad an einem Euphratarm gelegenen Städtchen, wurde Ali, der Vetter und Schwiegersohn Mohammeds, ermordet. Angeblich bat Ali mit seinen letzten Worten darum, seinen Leichnam auf ein Kamel zu laden, das Tier freizulassen und ihn dort zu begraben, wo sich das Kamel erstmalig niederließe. Das geschah dann in dem Ort An Nadschaf, wo sich heute die mit vergoldeten Kuppeln und bunten Fayencen geschmückte Grabmoschee Alis erhebt. Diese berühmte Wallfahrtsstätte der Schiiten besitzt mehrere in der islamischen Welt hochangesehene Koranschulen. Für Nichtmoslems ist die Besichtigung der Moschee strikt verboten.

▶ *Das Ruinenfeld von Birs Nimrud nahe Babylon galt lange Zeit als der Ort des Turmbaus zu Babel.*

▲ *Die Wüstenfestung Uchaidir, früher der Sassanidenzeit zugeordnet, stammt höchstwahrscheinlich aus der Zeit nach der arabischen Eroberung.*

Am Ende des Zweiten Golfkriegs brachen in An Nadschaf heftige Kämpfe zwischen Schiiten und der irakischen Armee aus. Der Altstadtkern mit der Grabstätte Imam Alis wurde dabei schwer beschädigt. Mittlerweile ist die Moschee wieder aufgebaut. Doch gehen die Auseinandersetzungen zwischen den schiitischen Aufständischen und den Streitkräften des Baath-Regimes in unverminderter Härte weiter, vor allem im südirakischen Sumpfland entlang der iranischen Grenze.

Die vergoldeten Kuppeln und Minarette einer anderen heiligen Stadt sind in der mesopotamischen Tiefebene ebenfalls weithin sichtbar: Karbala. Sie gehören zur Al-Abbas-Moschee und zur Al-Hussein-Moschee, die an dem Ort errichtet wurden, der im Jahr 680 n. Chr. Schauplatz der Schlacht zwischen den Omaijaden und den von Hussein angeführten Anhängern Alis war. Dabei fand Alis Sohn Hussein mit seiner ganzen Familie den Tod.

Die Große Moschee von Kasimijja, einem Vorort von Bagdad, ist als weiteres schiitisches Heiligtum für Ungläubige gleichfalls tabu. In ihr ruhen zwei berühmte schiitische Glaubensführer. Die vergoldeten Kuppeln, die Marmorsäulen und die glasierten Fliesen lassen etwas vom Glanz des alten Bagdad erahnen, einer Stadt, die seinerzeit mit 1,5 Mio. Einwohnern die größte Stadt der Welt war. Nur Byzanz kam der prachtvollen, von den orientalischen Märchenerzählern besungenen Kalifenstadt gleich.

Ein anderes eindrucksvolles Beispiel islamischer Baukunst findet man rund 100 km südwestlich der Hauptstadt: die mitten in der Wüste gelegene Palastburg von Uchaidir. Sie wurde wahrscheinlich gegen Ende des 8. Jh. als komfortables Exil für einen von der Thronfolge ausgeschlossenen Neffen des Kalifen Al Mansur ausgebaut. Das Wüstenschloß besitzt einen 15 m hohen Mauerring und einen weitläufigen Paradeplatz. Der eigentliche Palast umfaßt eine Moschee, einen dreigeschossigen Wohntrakt, den traditionellen orientalischen Innenhof mit dem Liwan (einem großen Portal) sowie Speicherräume und eine Karawanserei.

◀ *Bauherren des Palastes in Ktesiphon waren die Sassaniden, die Mesopotamien bis zur arabischen Invasion beherrschten. (Blendarkaden am Südflügel nach der Restaurierung.)*

▶ *Das schraubenförmige Minarett der Großen Moschee von Samarra (9. Jh.) wurde vermutlich den antiken Zikkurats der mesopotamischen Ruinenstädte nachgebildet.*

▲ *Der Palast Assurnasirpals II. wird von geflügelten Stieren mit Menschenköpfen bewacht; die Fabelwesen sollten wahrscheinlich böse Geister abschrecken.*

Ktesiphon, 40 km südöstlich von Bagdad gelegen, von 144 v. Chr. bis 224 n. Chr. im Besitz der Parther, war nach der Eroberung durch die persischen Sassaniden Winterresidenz. Der vermutlich unter dem Sassanidenherrscher Ardaschir I. errichtete Palast mit dem gewaltigen Thronsaal entstand im 3. Jh. Das Gewölbe – es erreicht eine Höhe von 43 m bei einer Spannweite von 30 m – besteht aus dem größten ungestützten Ziegelsteinbogen der Welt; in den letzten Jahren wurde das imposante Bauwerk restauriert.

Samarra

„Glücklich, wer sie sieht"

Das Städtchen am linken Tigrisufer, ehemals Hauptstadt der Abbasiden, erlebte seine Glanzzeit im 9. Jh. n. Chr. Der Kalif Mutasim (833–842), der seine Residenz von Bagdad hierher verlegte, verlieh ihm den Namen Surra Man Raa, was soviel wie

◀ *Dieser Genius mit feingelocktem Bart, als Relief aus einer Alabasterplatte herausgearbeitet, ziert den Palast des Assyrerkönigs Assurnasirpal II. in Nimrud.*

▲ *Der assyrische König Sanherib (704–681 v. Chr.) befahl den Bau einer Mauer um seine Residenz Ninive. Der mit Zinnen geschmückte Mauerring (hier ein restaurierter Abschnitt) hatte 15 km Umfang und besaß 15 Tore.*

„Glücklich, wer sie sieht" bedeutet. Die Ruinen der Residenz, die nach der Rückverlegung des Herrschersitzes nach Bagdad (892) wieder verödete, sind über eine Strecke von 20 km an den Ufern des Tigris verstreut. Zwei Dutzend Paläste wurden von den Archäologen aus den Lehmablagerungen der Talauen gegraben, dazu Moscheen und Pferderennbahnen, auf denen sich die Herrscher vergnügten. Die Große Moschee, von der lediglich die Außenmauern mit halbrunden Vorsprüngen erhalten sind, gehörte mit 240 m Länge und 160 m Breite zu den größten Moscheen der Welt. Abseits der Moschee befindet sich die wichtigste Sehenswürdigkeit der Stadt, das 52 m hohe Spiralminarett aus dem 9. Jh.

Assur – Kalach – Ninive

Die assyrischen Hauptstädte

Assur, Kalach (Nimrud) und Ninive waren die vornehmsten Städte der Assyrer, die vom 13. bis zum 7. Jh. v. Chr. in ganz Vorderasien eine Schreckensherrschaft führten. 614 v. Chr. unterlag Assur, 612 v. Chr. dann Kalach und Ninive dem vereinten Ansturm der Meder, Neubabylonier und Skythen. Die Epoche der Assyrer war der erste Abschnitt in der Geschichte des Zweistromlandes, der von Europäern erforscht worden ist. Auf der Suche nach dem antiken Ninive begann der französische Konsul Paul-Émile Botta 1842 in der Nähe von Mosul mit Ausgrabungen. Da die Ergebnisse enttäuschend waren, Beduinen aber im etwa 20 km nördlich von Mosul gelegenen Khorsabad Steinbildwerke gefunden hatten, setzten Botta und seine Helfer die Ausgrabungen dort fort. Der Hobbyarchäologe entdeckte hier den Palast, den Sargon II. (722–704 v. Chr.) in seiner neuen Hauptstadt Dur-Scharrukin (Sargonsburg) für sich hatte errichten lassen. Die zahlreichen Reliefs und Statuen, die er in ihm fand, schickte er nach Paris, wo sie im Jahr 1847 einem beeindruckten Publikum präsentiert wurden.

Unter den assyrischen Ruinenstädten besticht Assur vor allem durch seine einzigartige Lage: Die Ruinen der ersten assyrischen Hauptstadt – Tempel, Paläste und Zikkurats – liegen auf einem Plateau hoch über dem Tigris. In Ninive, das von dem englischen Konsul Sir Henry Layard entdeckt und ausgegraben wurde, sind noch deutlich die Umrisse des ehemaligen Mauerrings zu erkennen, der von Sargons Nachfolger Sanherib zu einem gewaltigen Bollwerk mit 15 km Umfang und 15 monumentalen Toren ausgebaut wurde. Drei Tore sind restauriert, darunter das Nergaltor, das geflügelte Stiere mit Menschenköpfen zieren. Die Reliefs kamen 1941 zufällig zum Vorschein, als ein Wolkenbruch einen Teil der Erdmassen wegspülte. Nimrud, das unter dem Namen Kalach im Alten Testament erwähnt wird, ist wohl die interessanteste der drei assyrischen Hauptstädte. Die südlich von Mosul gelegene Ruinenstadt kündigt sich schon von weitem durch ihre massige Zikkurat an. Im Umkreis von 8 km liegen die Überreste der Tempel, Paläste und Befestigungswerke verstreut. Die Oberstadt war von einer über 30 m dicken Mauer geschützt, die stellenweise 15 m Höhe erreichte. Vor allem der Palast Assurnasirpals II. (883–859 v. Chr.), der von späteren Herrschern ausgebaut

▶ *Im Irak lebt neben den schiitischen und sunnitischen Moslems auch eine beachtliche Anzahl von Christen. Sie gehören verschiedenen Glaubensgemeinschaften an, deren stärkste Gruppe die chaldäische Kirche ist.*

▲ *Die Archäologen benötigen sehr viel Geduld, um aus den zahllosen Mauerbruchstücken den Heiligen Bezirk von Hatra zu rekonstruieren. Links im Hintergrund erhebt sich der Hellenistische Tempel.*

▲ *Blick auf die Stadt Mosul, die als Nachfolgesiedlung des alten Ninive am Ufer des Tigris entstand, und das 50 m hohe, aus Backsteinen errichtete „schiefe Minarett" der Großen Moschee*

wurde, verdient besondere Aufmerksamkeit. Die Innenräume des Palastes schmücken große, grünlichweiße Platten aus Alabaster, die mit Inschriften und Reliefs dekoriert sind; letztere bilden göttliche Wesen ab, die den assyrischen Königen den Zauber der Unverwundbarkeit verleihen sollten.

Die Welt der Assyrer spiegelt sich vor allem in den zahlreichen Grabungsfunden wider, die in den Museen von Mosul und Bagdad aufbewahrt werden. Im Irakischen Archäologischen Museum von Bagdad befinden sich beispielsweise zwei geflügelte Stiere, die ehedem das Tor der Zitadelle in Khorsabad schmückten; hier kann man auch Reliefs bewundern, die König Sargon bei der Audienz darstellen. Das beliebteste Motiv waren jedoch Heerscharen – ganze Kolonnen assyrischer Krieger ziehen auf den Reliefs an dem Betrachter vorbei. Nichts und niemand schien der militärischen Streitmacht der bei den Chronisten des Alten Testaments so verhaßten Assyrer, die den Kampfwagen erfanden und nur mit Lanzen bewaffnet auf Löwenjagd gingen, Widerstand leisten zu können.

Hatra

Residenz, Tempelstadt und Handelsplatz

Ein ganz anderes Kapitel der irakischen Geschichte lernt der Besucher in Al Hadr, dem Hatra des Altertums, kennen. Die Blütezeit dieses Handelsplatzes am Schnittpunkt der Karawanenrouten begann im 1. Jh. n. Chr. und dauerte bis zum Jahr 241, als der Sassanidenkönig Schapur I. die Stadt eroberte. Er war damit erfolgreicher als die römischen Herrscher Trajan und Septimius Severus, die vergeblich gegen die Mauern von Hatra angerannt waren.

Über den Ursprung der Stadt, die ihre Feinde stets mit einem Hagel von in Bitumen getauchten, brennenden Pfeilen empfing, ist nichts bekannt; vermutlich wurde sie, wie die meisten Städte Mesopotamiens, an einem schon seit langem besiedelten Ort erbaut. Nach dem Zerfall des Assyrischen Reichs siedelten sich dort arabische Stämme an. Während der Herrschaft der arabi-

▶ *Im Norden des Irak leben die Jesiden, Anhänger einer Religion, in der sich moslemische mit christlichen und altpersischen Vorstellungen vermischen.*

▲ *Kurden, die mit einem Anteil von 15% die stärkste ethnische Minderheit im Land bilden, leben hauptsächlich im Norden und Nordosten des Irak.*

schen Dynastie, die den Parthern tributpflichtig war, erlebte Hatra wie Palmyra, Petra und andere Handelszentren des Vorderen Orients eine 250 Jahre währende Epoche des Friedens und Wohlstands.

Erst kurz vor Ausbruch des Ersten Weltkriegs wurden die Überreste der etwa 100 km südwestlich von Mosul liegenden Stadt genauer untersucht. Deutsche Archäologen ermittelten die exakte Ausdehnung von Hatra und lokalisierten ihre wichtigsten Bauwerke. Doch erst ab 1951 begann die irakische Altertumsverwaltung, die Überreste der antiken Stadt systematisch freizulegen. Die umfangreichen, noch nicht abgeschlossenen Grabungen ergaben, daß die Stadt eine erstaunlich große Fläche bedeckt: Hatra wird von einer fast kreisförmig verlaufenden, 6 km langen Ringmauer umgeben; im Innern der Stadt liegt der Heilige Bezirk (Temenos), ein rechteckiger, 425 mal 320 m großer Platz, der von einer mächtigen Mauer umfriedet ist.

Der Temenos wird zu zwei Dritteln von einem weitläufigen Vorhof eingenommen, den man durch ein monumentales Tor betritt. Am Ende des Vorhofs erhebt sich der vor kurzem rekonstruierte Hellenistische Tempel. Der Haupthof mit den Heiligtümern umfaßt das restliche Drittel des Heiligen Bezirks. In seiner Mitte befindet sich ein eindrucksvolles Bauwerk mit einer über 100 m breiten Fassade, das man ursprünglich für einen Palast hielt, bis sich herausstellte, daß es sich um den Großen Tempel der Stadt handelte. Er umfaßte mehrere Iwane – an der Frontseite geöffnete Hallen – und das Allerheiligste des Sonnengottes Schamasch. Letzteres enthält eine Cella, die womöglich das Kultbild dieses Gottes barg oder, wie manche Archäologen vermuten, ein heiliges Feuer. Der Tempel des Schamasch wurde erst in jüngerer Zeit von irakischen Archäologen ausgegraben.

Im üppigen Skulpturenschmuck der Tempel von Hatra spiegeln sich griechische Einflüsse wider. Das Irakische Archäologische Museum in Bagdad und der Große Saal des Museums in Mosul enthalten davon einige besonders schöne Beispiele, die vor allem durch naturgetreue Details bestechen: würdige Damen mit prächtigen, pompösen Gewändern, Juwelenschmuck und hohen Mützen sowie Fürsten mit bestickten Tuniken, ziselierten Gürteln und spitzen Tiaren.

Mosul

Zentrum des Nordens

Die am rechten Tigrisufer liegende Stadt ist mit 570000 Einwohnern nach Bagdad und Basra die drittgrößte des Landes. Mosul, als Nachfolgesiedlung Ninives entstanden, ist ein wichtiger Handelsplatz und Verkehrsknotenpunkt zwischen dem Irak, der Türkei und Syrien. Weiterhin weist sie eine Reihe bedeutender Sehenswürdigkeiten auf: neben dem bereits erwähnten Archäologischen Museum, das hauptsächlich Funde aus den assyrischen Ruinenstädten und aus Hatra sammelt, vor allem die Große Moschee mit dem 50 m hohen „schiefen Minarett“ sowie die Palastruine Qara Serail aus dem 13. Jh., die – für islamische Bauwerke eine Seltenheit – mit Menschenfiguren geschmückt ist.

Golfstaaten

Das Erdöl hat die Golfstaaten – Kuwait, Bahrain, Katar, Vereinigte Arabische Emirate und Oman – quasi über Nacht in moderne Konsumgesellschaften verwandelt – ein tiefgreifender Einschnitt, der Probleme verursacht.

Der Persische Golf, nur durch die schmale Straße von Hormus mit dem Indischen Ozean verbunden, gehört zu den salzigsten und wärmsten Meeren der Erde. An seiner südlichen Küste liegen außer dem Königreich Saudi-Arabien mehrere Emirate und ein Sultanat, die zum Teil beträchtliche Erdöllagerstätten besitzen und zu den reichsten Staaten der Erde zählen.

Die Besetzung *Kuwaits* durch die irakischen Truppen dauerte zwar kaum länger als ein halbes Jahr, doch war das Land nach Ende des Zweiten Golfkriegs ein Trümmerfeld – rund 700 Ölquellen standen in Flammen, und zwei Drittel der petrochemischen Anlagen waren zerstört. Inzwischen sind die schlimmsten Kriegsschäden beseitigt, aber der Schock ist noch längst nicht überwunden. Durch die Ausweisung der in Kuwait lebenden Ausländer will die Regierung erreichen, daß die Kuwaiter wieder die Bevölkerungsmehrheit im eigenen Land stellen. Hauptsächlich richtet sich diese Maßnahme aber gegen die Palästinenser, denen vorgeworfen wird, sie hätten im Golfkrieg mit den irakischen Besatzern zusammengearbeitet.

Bahrain ist der kleinste arabische Staat und mit seinen vergleichsweise nur spärlich fließenden Ölquellen der ärmste der Golfstaaten. Diesen Nachteil gleicht die Bevölkerung durch andere wirtschaftliche Aktivitäten aus. Der Inselstaat hat sich als Finanzzentrum der Golfregion einen Namen gemacht – viele internationale Banken, die im Ölgeschäft tätig sind, unterhalten hier Niederlassungen. Der Flughafen auf der Insel Muharrak wird von zahlreichen Fluggesellschaften als Zwischenstopp auf Flügen nach Fernost benutzt; Aluminiumproduktion und Schifffahrt sind weitere Fundamente der Wirtschaft des Landes, und schließlich darf der Tourismus nicht vergessen werden, denn das für arabische Verhältnisse reiche Unterhaltungsangebot und die liberalen Gesetze machen vor allem die Landeshauptstadt Manama zu einem beliebten Ziel vieler Besucher aus anderen Golfstaaten.

Katar besteht im wesentlichen aus einer flachen Halbinsel, die in den Persischen Golf ragt. Diese ist eine der trockensten und unwirtlichsten Gegenden der Arabischen Halbinsel. Die Einwohner des Emirats, die zeitweise mit etwa 25 % der Bevölkerung nur noch eine Minderheit im eigenen Land bildeten (die Zahl der Ausländer ist heute rückläufig), waren früher Beduinen und Perlenfischer. Das änderte sich 1949, als das erste Faß Erdöl exportiert wurde.

Sieben weitgehend unabhängige Scheichtümer (Abu Dhabi, Adschman, Dubai, Fudschaira, Ras al Chaima, Schardscha und Umm al Kaiwain) bilden seit 1971/1972 die Föderation der *Vereinigten Arabischen Emirate*. Das größte Teilemirat ist Abu Dhabi, auf das allein knapp 80 % der Landesfläche entfallen und das auch über die größten Öl- und Gasreserven verfügt. Dubai ist das Handelszentrum des Landes. Ein ernstes Problem stellt auch hier der außergewöhnlich hohe Anteil von Ausländern (Fremdarbeitern) an der Bevölkerung dar – über 55 % sind fremder Nationalität.

Das Sultanat *Oman* ist der zweitgrößte Staat der Arabischen Halbinsel. Es reicht vom gleichnamigen Golf über den schmalen, dichtbesiedelten Küstenstreifen mit der Hauptstadt Maskat und das mehr als 3000 m hohe Omangebirge bis zur Rub al-Khali, der lebensfeindlichen Wüste im Innern der Halbinsel. Die Wirtschaft von Oman beruht ebenfalls fast ausschließlich auf der Erdölförderung, im Vergleich mit den arabischen Bruderstaaten nimmt sich der Reichtum des Landes jedoch eher bescheiden aus.

▲ *Malerisch überragt das Fort Jalali Maskat, die Hauptstadt des Sultanats Oman, um dessen ausgezeichneten Naturhafen die Kolonialmächte heftig stritten.*

▲ *Das Grabmal Kyros' II. (559–529 v. Chr.), des Gründers des Achämenidenreichs, befindet sich in der ersten achämenidischen Königsresidenz Pasargadae. Die eigentliche Grabkammer mit dem Satteldach steht auf einem sechsstufigen Steinsockel, der an eine Zikkurat erinnert.*

Iran

Zielstrebig versucht das erdölreiche Land, seinen Einfluß auf die islamischen Republiken der ehemaligen Sowjetunion auszuweiten und sich zur Führungsmacht in Vorderasien zu entwickeln.

Als im Jahr 1908 in der südwestlichen Provinz Chusistan in nur 400 m Tiefe zum ersten Mal Erdöl in Persien gefunden wurde, konnte niemand ahnen, welche Bedeutung dieser Fund für die zukünftige Entwicklung des Landes haben sollte. Doch die Folgen waren wahrhaft revolutionär, so tiefgreifend, daß sich der Vater des letzten Schahs dazu entschloß, dem Land 1934 einen neuen Namen zu geben: Aus Persien, das um die Mitte des 6. Jh. v. Chr. in Fars, dem Stammland der Perser, entstanden war, wurde in Anlehnung an klassisch-iranische Zeiten der Iran.

Der Iran ist, in definitorischer Kürze auf eine Formel gebracht: Persien plus Erdöl plus Schia (die Staatsreligion). Alle seine Charaktermerkmale, seine Probleme und sein heutiges Erscheinungsbild resultieren aus der spannungsgeladenen Synthese dieser Begriffstrias. Persien: eines der ältesten Länder der Erde mit einer glänzenden Kultur. Das Erdöl: die wichtigste Energiequelle der modernen Industriegesellschaften und damit das flüssige Gold des 20. Jh. Die Schia: eine islamische Glaubensrichtung, die davon ausgeht, daß weltliche Macht im Grunde nur „geliehene" Macht ist und die Staatsführung daher grundsätzlich in die Hände der geistlichen Führer gehört. Im Spannungsfeld dieser Einflußfaktoren befindet sich die Gesellschaft, die 1978 den Sturz des verhaßten Schahregimes einleitete und sich 1979 in einer Volksbefragung mit überwältigender Mehrheit für die Gründung einer islamischen Republik aussprach.

▲ *Die schweren Hallendächer der achämenidischen Prachtbauten ruhten auf Stier- und Drachenköpfen. An der Größe dieses Kapitells lassen sich die gewaltigen Dimensionen der Paläste und Tempel ermessen.*

Der Schauplatz

Am Schnittpunkt der Heerstraßen

Manche Länder der Erde sind durch ihre geographische Lage dazu vorbestimmt, sich zu Brennpunkten der Weltgeschichte zu entwickeln. Das alte Persien und der heutige Iran gehören dazu. Im Süden und Westen grenzt das Land an die arabische Welt, im Nordwesten an die Türkei, die Brücke nach Europa, im Norden an Turkmenistan, Armenien, Georgien, im Osten an Afghanistan und Pakistan. Als Durchgangsland für alle Völker, die von Süd- oder Zentralasien nach Vorderasien oder in umgekehrter Richtung von der Arabischen Halbinsel nach Osten zogen, wurde das Land zwischen dem Kaspischen Meer und dem Persischen Golf immer wieder von fremden Heerscharen heimgesucht. Jedes Volk hinterließ aber nicht nur Spuren der Verwüstung, sondern brachte auch seine eigene Kultur und Zivilisation mit nach Persien. Auf diese Weise entstand eine aus vielen verschiedenen Wurzeln gewachsene, in ihrer Eigenart aber doch unverwechselbare persische Kultur, die mehr als jede andere Kultur in Vorderasien fähig war, nationale und fremde Identität zu vereinen.

Den ungezählten Völkerwanderungen verdankt der Iran seine große ethnische, kulturelle und religiöse Vielfalt. Jahrtausendelang war das Hochland des Iran ein Schmelztiegel verschiedener Völker und Rassen. Das Gros der etwa 56 Mio. Einwohner ist indogermanischen Ursprungs (der Landesname leitet sich vom persischen *Arian* her, was „Land der Arier" bedeutet), seine Religion ist zu annähernd 99% der Islam, überwiegend der schiitischen Glaubensrichtung. In den Grenzgebieten leben verschiedene ethnische Minderheiten, die durch die Landesgrenzen von ihrem Volk getrennt sind: Belutschen an der Grenze zu Pakistan, die sich wie die Araber im Süden und Westen vorwiegend zum sunnitischen Islam bekennen, Türken und Kurden im Nordwesten, Aseris und Aserbaidschaner sowie die Turkmenen an der Grenze zu den GUS-Staaten. Ungefähr ein Fünftel der iranischen Bevölkerung spricht Aseritürkisch. Drei Minoritäten sind von jeher aus dem Wirtschaftsleben Persiens nicht wegzudenken: die christlichen Armenier, die vor allem als Händler in den großen Städten leben, die ebenfalls christlichen Assyro-Chaldäer, die ihren Lebensunterhalt vor allem als Taxifahrer und Spediteure verdienen, und die kleine jüdische Minderheit, deren Existenzberechtigung trotz des islamischen Gottesstaates nicht in Frage zu stehen scheint. Im Binnenland konnten sich zwei nomadische Völker, die Bachtiaren und die Kaschgai, bisher mit Erfolg gegen die von den Regierungsbehörden verordnete bodenständige Lebensweise verwahren. Die Glaubensvielfalt im Land bereichern schließlich noch Anhänger vorislamischer persischer Religionen wie die Zoroastrier (Parsen) und die Mandäer.

Teheran

Eine Hauptstadt ohne Vergangenheit

Die nationale Metropole, bis zum Sturz des Schahregimes kaiserliche Residenz, ist in den Augen vieler Iraner noch immer mit den Schandflecken aus der Zeit der Schahs behaftet, die von der islamischen Geistlichkeit aufs schärfste verurteilt werden. Teheran ist eine international geprägte Millionenstadt, die seit 1960 zu einem Brückenkopf westlicher Lebens- und Wirtschaftsformen ausgebaut wurde und in der Luxus und Elend auf engstem Raum aufeinanderprallen.

Teheran hat keine Vergangenheit, wenigstens gemessen an der jahrtausendealten Geschichte anderer vorderasiatischer Hauptstädte. Seine Geschichte reicht kaum weiter als bis zum Ende des 18. Jh. zurück. Sie ist außerdem untrennbar mit der Geschichte der beiden Dynastien verbunden, die das Land bis zum Zusammenbruch des Kaiserreichs beherrschten: die Kadscharen und Pahlawi. Der 1796 zum Schah gekrönte Gründer der Kadscharen-Dynastie Agha Mohammad erkor Teheran Ende des 18. Jh. zu seiner Residenz. Seine Nachfolger waren als Staatsmänner nicht sonderlich erfolgreich, gerieten vielmehr während der kolonialen Ära im 19. Jh. in die Abhängigkeit von Großbritannien und Rußland, die sich wegen Persiens strategischer Lage brennend für das Land interessierten. Rußland griff nach Armenien und Georgien, besetzte zeitweise die gesamte Nordhälfte des Landes und rang mit Großbritannien, das in Südpersien eine eigene Streitmacht gebildet hatte, um die politische, militärische und wirtschaftliche Vorherrschaft im Land. Die Kadscharen, von den Errungenschaften der westlichen Zivilisation tief beeindruckt, führten Persien in den wirtschaftlichen Ruin, was sie jedoch nicht daran hinderte, ausgiebig dem Prunk zu frönen, prachtvolle Paläste errichten zu lassen und das Regierungsviertel von Teheran, den Ark, mit umfangreichen Befestigungsanlagen zu versehen. Von diesem ganzen Viertel existiert heute nur noch der Golestanpalast (Rosengartenpalast). Nach der Beschreibung eines europäischen Reisenden lag der Palast ursprünglich „in einem Rosengarten, an zwei Seiten umschlossen von Mauern und Nischen, die mit Fayencen ausgekleidet sind, während man im Osten Türme sieht, geschmückt mit einem blauen fliesenverzierten Gitterwerk, die als Belvedere für die Damen des Hofes dienen …". Heute beherbergt der Palast neben verschiedenen Regierungsbehörden ein Museum, in dem Vasen, Geschirr, Uhren und wertvolle Geschenke ausländischer Potentaten für die Schahs der Kadscharen ausgestellt sind.

Die City der 6-Mio.-Stadt Teheran könnte ebensogut eine amerikanische Großstadt zie-

▲ *Das Erdgas, das bei der Erdölförderung in der iranischen Provinz Chusistan anfällt, wurde bis vor kurzem noch nutzlos abgefackelt.*

▲ *Nur etwa ein Siebtel der Landesfläche des Iran ist landwirtschaftlich nutzbar. Das Iranische Hochland wird größtenteils von Steppen und Wüsten eingenommen, hier und dort beleben einige bewässerte Felder das eintönige Landschaftsbild.*

ren: breite Avenuen, Betonbauten, Hotels, Geschäfte; nur die schwarzverschleierten Frauen erinnern daran, daß man sich im Staat der Ajatollahs befindet.

Die Pahlawi-Dynastie

Vom Mittelalter ins 20. Jahrhundert

Persien befand sich zu Beginn dieses Jahrhunderts in einem desolaten Zustand. Das Regime der Kadscharen war inzwischen so morsch und brüchig geworden, daß der Kosakenkommandeur Resa Khan bei einem Staatsstreich 1921 ohne große Mühe die Macht an sich reißen konnte. Im Jahr 1925 ließ er sich als Schah Resa Pahlawi zum neuen Herrscher krönen. Wie Atatürk in der benachbarten Türkei wollte der Gründer der Pahlawi-Dynastie sein Land aus dem Mittelalter in die Gegenwart katapultieren. Er kämpfte leidenschaftlich für die nationale Einheit Persiens, die durch die Unabhängigkeitsbestrebungen einzelner Stämme ständig auseinanderzubrechen drohte, und trieb den Ausbau der Verkehrswege und die Industrialisierung voran. Den Würdenträgern des Islam begegnete Resa Pahlawi mit Zurückhaltung und beschnitt ihre Privilegien, indem er z. B. den Koranschulen Bildungsstätten nach westlichem Vorbild gegenüberstellte; außerdem verbot er den Frauen, den Schleier zu tragen, eine Anordnung, die Protestkundgebungen hervorrief.

Resa Pahlawi wollte sein Land neutral halten und pflegte deshalb auch freundschaftliche Beziehungen zu Hitler und Mussolini. Diese Beziehungen sollten ihn den Pfauenthron kosten. Im August 1941 marschierten sowjetische und britische Truppen in den Iran ein. Der Schah mußte abdanken und die Staatsmacht noch im selben Jahr an seinen Sohn Mohammad Resa abtreten. Zehn Jahre später wurde nach Unruhen im Land Mohammad Mossadegh, der Führer der „Nationalen Front", Premierminister einer neuen Regierung, die im Mai 1951 die Erdölindustrie nationalisierte. Bis zu diesem Zeitpunkt wurden die Erdölvorkommen von der Anglo-Persian Oil Company ohne großen Gewinn für den Iran ausgebeutet. Die Briten boykottierten daraufhin die Erdölexporte, eine Maßnahme, die den Iran zwischen 1951 und 1954 in eine schwere wirtschaftliche Krise stürzte und im Innern zu neuen Unruhen führte. 1953 mußte Schah Mohammad Resa Pahlawi das Land vorübergehend verlassen, wurde allerdings von der von Amerikanern ausgebildeten Armee zurückgerufen, nachdem diese Mossadegh seines Amtes enthoben hatte. Mit einem internationalen Konsortium handelte der Schah anschließend einen Vertrag aus, durch den sich die Einkünfte des Iran aus dem Erdölgeschäft gegenüber 1951 etwa vervierfachten.

Die jetzt reichlich fließenden Petrodollars gaben Mohammad Resa die Chance, seine ehrgeizigen Pläne zur Modernisierung und Industrialisierung des Iran zu verwirklichen. Quasi über Nacht verwandelte sich der Iran aus einem vom internationalen Kapital ausgebeuteten Entwicklungsland zu einem Staat, der sich in nahezu allen Wirtschaftsbereichen die beste und teuerste Technik lei-

▲ *Das Heiligtum der Fatima in der heiligen Stadt Ghom birgt die sterblichen Überreste der Tochter eines berühmten Imams. Wie in den meisten schiitischen Pilgerstätten ist Nichtmoslems das Betreten des Heiligtums strengstens verboten.*

sten konnte. Gleichzeitig stieg der Lebensstandard, insbesondere der der führenden Oberschicht, in wenigen Jahren kräftig an.

Doch die sogenannte Weiße Revolution des Schahs (Bezeichnung für die umfangreichen Reformen auf wirtschaftlichem und sozialem Gebiet) leitete eine Entwicklung ein, in deren Verlauf sich die Gesellschaft immer stärker zu polarisieren begann. Vor allem die 1962 initiierte Landreform, deren Ziel es war, durch eine Neuordnung der agrarischen Besitzverhältnisse lebensfähige kleinbäuerliche Betriebe zu schaffen, scheiterte. Viele Neubauern verschuldeten sich wegen zu kleiner Betriebsgrößen, besitzlose Landarbeiter wanderten in die Städte ab. Der reichen Oberschicht stand die Mehrheit einer verarmten Unterschicht und eines städtischen Proletariats gegenüber, die die „Segnungen" der Verwestlichung hauptsächlich in Form von Korruption erlebten. Unmut breitete sich aus, den der Schah mit Hilfe seines 1957 gegründeten Geheimdienstes Savak rücksichtslos unterdrücken ließ. Der politische Protest gegen die mehr und mehr als Diktatur empfundene Herrschaft des Schahs äußerte sich deshalb zunehmend in Form religiöser Opposition: Träger dieser Opposition war der schiitische Klerus, dessen Oberhaupt Ajatollah Khomeini (Chomaini) nach dem Sturz des Schahregimes 1979 eine neue Epoche in der Geschichte des Iran einläutete.

Ghom

Heilige Stadt der Schiiten

Teheran ist, auch wenn die derzeitige Staatsführung das Rad der Geschichte um einige Umdrehungen zurückgedreht hat, eine Stadt unseres Jahrhunderts. In der nächsten größeren Stadt an der Hauptstraße nach Isfahan herrscht dagegen ein anderer Geist: In Ghom, der heiligen Stadt der Schiiten, residieren die strengen Hüter der islamischen Tradition. Hier formierte sich Ende der 70er Jahre die islamisch-fundamentalistische Opposition, die den Schah im Januar 1979 aus dem Land vertrieb. Von hier aus wachen die schiitischen Würdenträger über die rückwärts gewandte Utopie des islamischen Gottesstaates, in dem die Gebote des Islam zum höchsten gesellschaftlichen Ordnungsprinzip und alleinigen Maßstab des Handelns erhoben wurden.

Ghom, wie Meschhed eine der heiligen Städte des Iran, gehört zu den Hochburgen des Schiismus. 93 % aller Iraner bekennen sich zu dieser Glaubensrichtung des Islam, die nach dem Tod des Propheten entstand, als sich dessen Verwandte und Anhänger um seine rechtmäßige Nachfolge stritten. Im Unterschied zu den Sunniten, dem Gros aller Moslems (85 %), waren die Schiiten der Überzeugung, daß als Nachfolger und Stellvertreter Mohammeds – als Imam – nur ein Mitglied der Familie des Religionsstifters in Frage komme, weshalb sie seinem Vetter und Schwiegersohn Ali folgten. Da die Kette der blutsverwandten Nachkommen im zwölften Glied unterbrochen wurde, leben die Schiiten in dem Glauben, daß am Ende aller Tage dieser zwölfte Imam wiederkehren wird.

Der Revolution von 1979 folgte ein Jahrzehnt uneingeschränkter Herrschaft der Mullahs, der islamischen Geistlichen, die das alte islamische Strafrecht wieder einführten, damit die Trennung von Staat und Religion aufhoben und westliche Einflüsse im Iran mit aller Macht bekämpften. Überall in der islamischen Welt hat das iranische Modell des Gottesstaates begeisterte Anhänger gefunden. Doch heute macht sich im zweitgrößten Land Vorderasiens – nicht zuletzt unter dem Eindruck des verlustreichen Ersten Golfkriegs – Ernüchterung bemerkbar. Gegenüber den als gemäßigt und reformorientiert geltenden Anhängern des Staatspräsidenten Ali Akbar Haschemi Rafsandschani sind heute die Fundamentalisten und die Radikalen eindeutig in der Minderzahl.

Jedoch beansprucht der Iran nach wie vor die Führungsrolle unter den Staaten der Golfregion. Um diesen Anspruch zu unterstreichen, rüstet die Iranische Republik weiter auf; möglicherweise – wie Oppositionspolitiker behaupten – nicht ausschließlich mit konventionellen Waffen, sondern auch mit atomaren und chemischen Massenvernichtungsmitteln. Eine mögliche Quelle atomarer Waffen liegt gleich in unmittelbarer Nachbarschaft, in den ehemaligen Sowjetrepubliken Zentralasiens und des Kaukasus, etwa in Aserbaidschan, Turkmenistan oder Usbekistan.

Durch die Wüste

Der Kampf ums Wasser

Das echte, ursprüngliche Persien findet man am ehesten noch am Rand der großen Wüste im Osten des Landes. Um dort zu überleben, mußte der Mensch die Natur überlisten, ihr das kostbare Wasser mit ausgeklügelten Techniken abringen. Das Ergebnis dieses ständigen Kampfes um das Wasser kann sich sehen lassen: grüne, üppige Oasen innerhalb menschenleerer Wüsten.

Es wäre falsch, in Teheran ein Flugzeug besteigen und die Oasenstädte auf dem Luftweg besuchen zu wollen. Gerade die stundenlange Fahrt über holprige Pisten, durch Staub und Hitze ist die richtige Einstimmung auf das Oasenerlebnis. Die Straße von Ghom über Kaschan und Jesd nach Kerman verläuft rund 800 km weit am südwestlichen Rand der Wüste, über lange Strecken

▶ *Fast überall im iranischen Wüstengürtel trifft man auf* Qanate, *unterirdische Galerien, in denen sich das Grundwasser sammelt. Die Gesamtlänge aller Qanate wird auf 125 000 km, also etwa den dreifachen Erdumfang, geschätzt.*

▲ *Das iranische Kunstgewerbe ist weltberühmt: Auf den Dächern von Kaschan trocknen eingefärbte Wolle und Seide in der Sonne, aus denen fleißige Hände dann die wertvollen Teppiche knüpfen.*

schnurgerade, ohne eine Kreuzung oder Gabelung. Da die gewohnten Fixpunkte, an denen sich das Auge orientieren kann, fehlen, geht das Gefühl für Fortbewegung verloren. Erst nach und nach beginnt man die feinen Nuancen der Wüstenlandschaft zu registrieren: Bergländer, die in ihrem eigenen Verwitterungsschutt ersticken, von rötlich- oder blaugefärbtem Felsgestein bedeckte Ebenen, weißglitzernde Salzseen und von einer dünnen samtenen Sandschicht überzogene Hügelketten.

Die Wüste, die sich vom Westrand des iranischen Binnenhochlandes bis nach Afghanistan und Pakistan erstreckt, hat viele Namen: Arak, Damghan, Dasht-e-Kavir, Lut ... Sie stehen für große Wüstenbecken, die durch Höhenzüge voneinander getrennt sind und im Kern von Salzseen und tückischen Salzsümpfen ausgefüllt werden. Die Straße berührt die Wüste nur am Rand, ihr Verlauf orientiert sich eher an den Randgebirgen, die, obwohl genauso kahl wie die Ebenen, merkwürdigerweise nicht so wüstenhaft wirken. Die wenigen Hinweise, die in diesen Gegenden auf die Existenz von Menschen deuten, zeugen eher von der Kapitulation vor der Wüste als von einer erfolgreichen Anpassung. Ab und zu tauchen verlassene Karawansereien und kleine Lehmbauten auf, deren Kuppeln ebenso zerborsten sind wie das verwitterte Gestein.

Dennoch haben sich Menschen in dieser unwirtlichen Landschaft niedergelassen. Eine Reihe von Dörfern säumt die Straße. Der Kampf um die Existenz, der hier vor allem ein Kampf ums Wasser ist, währt seit mehr als 2500 Jahren.

Die Wüstendörfer kündigen sich oft schon 20 oder 30 km vor dem eigentlichen Ort mit sonderbaren Erdbuckeln an: merkwürdigen Bodenerhebungen, die wie überdimensionale Maulwurfshügel aus dem Wüstenboden ragen und sich in Ketten aneinanderzureihen scheinen. Wenn man diese Erdbuckel zum erstenmal sieht, denkt man an eine Laune der Natur, etwa an eine Schicht aus widerstandsfähigem Gestein, die hier zutage tritt. Die regelmäßige Gestalt und die gleichmäßige Anordnung sind allerdings eindeutige Hinweise auf eine menschliche Urheberschaft. Man sieht sich einem *Qanat* gegenüber, einer der größten Erfindungen der Völker des Iranischen Hochlandes, mit deren Hilfe in der Wüste blühende Oasen geschaffen werden konnten. Ein Qanat ist eine unterirdische Galerie, die das im Wüstenboden zirkulierende Grundwasser sammelt und es zu den Oasen leitet. Zu diesem Zweck werden 10–30 m, ja manchmal über 100 m tiefe Schächte in den Boden bis zum Grundwasserspiegel gegraben. Dann werden die Schächte untereinander mit Stollen verbunden, die in bestimmten Abständen Einstiegsöffnungen besitzen. Das ausgehobene Gestein, das um die Eingänge der Schächte herum angehäuft wurde, bildet die beschriebenen Erdbuckel.

Der Vorteil der Qanate gegenüber herkömmlichen Brunnen besteht darin, daß die grundwasserführenden Schichten im weiten Umkreis angezapft werden können und daß das gesammelte Grundwasser unterirdisch, also ohne nennenswerte Verdunstungsverluste, zu den Orten fließt, an denen es von den Bewohnern der Wüstenortschaften zur Bewässerung der Kulturen gebraucht wird.

An den Mündungen der unterirdischen Galerien, die bereits im 1. Jt. v. Chr. bekannt waren, liegen oft wundervolle Gärten, so z. B. der Bagh e Schah (Königsgarten) in Kaschan, der von kleinen Marmorkanälen durchzogen wird.

Das Bild des Iranischen Hochlandes ist nicht nur vom ständigen Kampf der dort lebenden Menschen um das Wasser gekennzeichnet. Die fortwährende Bedrohung durch fremde Heerscharen hat ebenfalls tiefe Spuren

▲ *In Mahan, einem Wüstenstädtchen südöstlich von Kerman, starb 1431 der berühmte iranische Dichter und Mystiker Nur ed-Din Nimat Allah. Schah Abbas I. ließ die Kuppel des Mausoleums zu Beginn des 17. Jh. mit glasierten Fliesen schmücken.*

hinterlassen. Fast alle größeren Städte besitzen eine Zitadelle, wenn auch meist nur noch in Form gewaltiger Schutthügel, in denen sich die Überreste der eingestürzten Mauern mit dem von Wind und Wetter zermürbten Gestein mischen. Zinnen, Schießscharten und Türmchen versinken in gelblichroten Schuttmassen, und der Stumpf des Bergfrieds, um den ein paar Raben kreisen, zerbröckelt unter der heißen Sonne.

Im Herzen der Städte

Die Basare

Die iranischen Provinzstädte sind sich – wenigstens mit den Augen eines Europäers betrachtet – zum Verwechseln ähnlich. Hinter dem obligatorischen Verkehrskreisel am Stadteingang beginnt immer eine breite Hauptstraße, die am anderen Stadtende mit einem ebensolchen Kreisverkehr endet. Zu beiden Seiten der Hauptstraße liegen fast ausschließlich Gebäude westlichen Baustils: Banken, Hotels, Verwaltungsgebäude. Geschäftshäuser und Wohnviertel umschließen den alten Stadtkern mit dem Basar, den Moscheen, Koranschulen und öffentlichen Bädern. Der Basar ist das Zentrum, gewissermaßen eine Stadt in der Stadt; in seinen schmalen Gassen reihen sich die kleinen Läden und Werkstätten der Handwerker nahtlos aneinander.

In allen Basaren herrscht vom frühen Morgen bis zum späten Abend ein beängstigendes Menschengedränge: Hier treffen sich die Leute, um das Warenangebot zu begutachten und um den Preis zu feilschen, hier kann man fast alles kaufen, von Plastiknäpfen über Teppiche und Gewürze bis hin zu japanischen Kassettenrecordern und Schmuck. Schwerbeladene Träger, unter der Last gebeugt, bahnen sich nur mühsam einen Weg durch die Menschenmassen, indem sie die Passanten durch einen pausenlosen Singsang auf sich und die oft sperrigen La-

▶ *Künstler in der Dekoration von Moscheen und Palästen, gelang den persischen Baumeistern gewissermaßen auch die „Quadratur des Kreises“: Nahtlos geht bei diesem Portal einer Moschee der viereckige Grundriß in das kuppelförmige Halbrund des Gewölbes über.*

sten aufmerksam zu machen versuchen. Kellner balancieren mit akrobatischem Geschick über dem Kopf Tabletts, auf denen 20–30 bis an den Rand gefüllte Teegläser stehen; verhüllte Frauen lüften kurz den *Tschador*, den schwarzen Schleier, um den Ramsch zu begutachten, den ein Händler mit blumenreichen Worten als die jüngste Errungenschaft der westlichen Welt preist. Während der Gebetszeiten haben die meisten Läden geschlossen, und auf den Gassen kehrt vorübergehend Ruhe ein.

Ein Mullah (islamischer Geistlicher), zu erkennen an dem schwarzen Gewand und dem weißen Turban, geht würdig und gelassen seines Weges, und die Menge macht ihm voller Respekt Platz. In einem winzigen Lädchen füllt ein öffentlicher Schreiber ein Formular für einen Kunden aus, der wie ein Großteil der iranischen Bevölkerung nicht lesen und schreiben kann. Die Leute drängen an ihm vorbei; ausgebreitete Teppiche beleben mit ihren Farben die dunklen Ziegelwände, hie und da dringen Sonnenstrahlen durch das Dachgeflecht und erhellen das Halbdunkel. Aber der Basar ist nicht nur ein Fest für das Auge: Der Duft getrockneter Früchte vermengt sich mit dem sanften Rascheln von Seide, das rhythmische Gehämmer des Kupferschmieds mit dem Geschmack des Tees, die pulsierende Gegenwart mit den Erinnerungen an eine ferne Vergangenheit.

Die Moscheen

Mehr als Gebetssäle

Die Realität macht nicht an den Pforten der Moscheen halt, denn in den islamischen Gotteshäusern trifft man sich nicht nur zum Gebet. Am Eingang ziehen die Gläubigen die Schuhe aus und begeben sich dann zum Gebetssaal, wo sie einen kleinen gravierten Stein vor sich hin legen und dann kniend, immer wieder mit dem Kopf den Boden berührend, ihre Gebete zu Allah sprechen. Währenddessen halten andere in der Moschee einen kurzen Mittagsschlaf oder promenieren, in ein flüsterndes Gespräch vertieft, über den Innenhof. Studenten, ein aufgeschlagenes Buch in den Händen und in hundert abgezählten Schritten hin- und hermarschierend, lernen ihre Lektionen. Am Freitag, dem „Sonntag" der Moslems, erleben die Moscheen den größten Ansturm von Gläubigen. Sie versammeln sich dort, um der Predigt des Imams zu lauschen. Die „Freitagsmoschee" einer Stadt ist daher immer die größte und schönste.

Die islamischen Gotteshäuser unterscheiden sich stark voneinander – je nach dem Ort und der Epoche, in der sie erbaut wurden.

▲ *Die beiden ungewöhnlich hohen Minarette der Freitagsmoschee von Jesd überragen die Kuppeldächer der Stadt. Auf den sogenannten Türmen des Schweigens in der Nähe von Jesd setzten bis vor 30 Jahren die Zoroastrier ihre Toten den Geiern aus.*

▲ *Persepolis: Reliefs medischer Würdenträger zieren die Tripylontreppe, die zum Tor der Könige führt. In den Händen halten die Meder als Symbol der Treue Lotosblüten. Im Hintergrund ragen die Säulen der Apadana auf.*

Die Moschee von Nain, etwa auf halber Strecke zwischen Ghom und Jesd gelegen, zählt zu den ältesten des Iran (10. Jh.); sie entstand nach arabischen Vorbildern und besitzt einen Innenhof, der an drei Seiten von Säulengalerien und an der vierten Seite vom Gebetssaal umschlossen wird. Daneben findet man aber auch die typisch persische Konzeption einer Moschee, wie sie erstmals im Jahr 1135 in Zavareh verwirklicht wurde und die ihren krönenden Abschluß in den Moscheen von Isfahan fand.

Bis nach Zavareh, fernab von den Hauptstraßen als Vorposten in der Wüste gelegen, ist die moderne Zeit noch nicht vorgedrungen. Die aus Ziegelsteinen und gestampfter Erde erbaute Stadt ist graubraun wie der Sand der Wüste, kein Farbklecks belebt das Bild. Durch enge Gassen gelangt man zur Moschee, die hinter den Dächern der Stadt zu erkennen ist; ihr rechteckiger Hof taucht urplötzlich hinter einer Hausecke auf.

An jeder ihrer vier Hofseiten befindet sich ein Iwan, ein großes Spitzbogenportal, das in die viereckige Fassade eingelassen ist. Die Längsachse der Moschee zeigt genau nach Mekka, d. h., von Zavareh aus gesehen, etwa nach Süden. Der südliche Iwan führt zum kuppelüberwölbten Gebetssaal. Eine Gebetsnische an der südlichen Wand des Saals, der Mihrab, zeigt ebenfalls die Richtung der heiligen Stadt an. Dieser Saal wird nur am Freitag für den Gottesdienst genutzt, an den übrigen Tagen versammeln sich die Gläubigen im nördlichen Iwan.

Nach demselben Grundmuster, manchmal mit zusätzlichen Elementen wie Minaretten oder Wasserbecken im Innenhof versehen, sind alle Moscheen in dieser Gegend des Iran gestaltet. Die Freitagsmoschee in Jesd, im 14. Jh. erbaut, ist mit ihren ungewöhnlich hohen, spitzen Minaretten und der mit gelben Fayencen geschmückten Kuppel, eine der bemerkenswertesten Moscheen des Landes.

Ganz in der Nähe der Moscheen, manchmal sogar innerhalb ihrer Mauern, sind die Koranschulen (Medresen) untergebracht. In ihnen werden die zukünftigen Mullahs unterrichtet. Die Medrese von Kerman liegt dagegen im Basarviertel. Ihre Mauern umschließen einen prachtvollen Garten, in dem Sträucher und Blumen üppig gedeihen und Zypressen und Wasserbecken für eine kühle, erfrischende Atmosphäre sorgen. Obwohl die Schule im Stadtzentrum liegt, dringt kein Lärm in das Innere. Hier widmen sich ehrwürdige Lehrmeister mit wallenden weißen Bärten und junge Studenten dem Studium der heiligen Schriften.

Nicht weit von dieser Medrese entfernt, am anderen Ende der Hauptgasse des Basars, befindet sich der Hammam, ein öffentliches Bad, das zu den schönsten des ganzen Landes zählte. Heute ein Museum, vermittelt seine aufwendige Ausstattung eine gute Vorstellung von der Badekultur im alten Persien. Wer es sich leisten konnte, verbrachte täglich mehrere Stunden im Hammam, wechselte zwischen siedendheißen und eiskalten Bädern, nahm Dampfbäder und plauderte mit seinen Freunden.

◀ *Mit größter Sorgfalt haben die Künstler in den Reliefs von Persepolis Details herausgearbeitet – hier ein Meder mit Ohrringen und einem nach assyrischer Mode gelockten Bart.*

▲ *Persepolis: Alltag der Achämenidenherrscher – zwei Diener begleiten König Darius, einer trägt einen Sonnenschirm, der andere eine Klatsche, um die auch damals schon lästigen Fliegen zu verscheuchen.*

▲ *Die Reliefs, die die Ruinen der alten persischen Hauptstadt Persepolis schmücken, sind historische Dokumente: Halle der Hundert Säulen mit Reliefreihen, die die Prozessionen der tributpflichtigen Völker zeigen.*

Persepolis

Das Reich der Achämeniden

Von den zahllosen Ruinenstätten zwischen dem Kaspischen Meer und dem Persischen Golf ist Persepolis zweifellos die eindrucksvollste. Im Oktober 1971 machte sie weltweit Schlagzeilen, als der Schah hier mit großem Gefolge und Pomp den 2500. Jahrestag der Gründung des Persischen Reichs durch Kyros II. (559–529 v. Chr.) feierte.

Manche der illustren Gäste waren sicher enttäuscht, als sie die Ruinenstätte sahen, hatten sie doch vermutlich erwartet, durch den Palast der Achämenidenkönige promenieren zu können. Von diesem Palast sind nur wenige Reste erhalten; man benötigt allerdings nicht viel Phantasie, um sich die prächtige Palaststadt vorzustellen, die von Alexander dem Großen (330 v. Chr.) erobert und in Brand gesteckt wurde.

Um 550 v. Chr. machte sich Kyros II., der Große, ganz Kleinasien untertan. Der tolerante und kluge Herrscher gründete ein Reich, das eine glänzende Kultur besaß. In der heutigen Provinz Fars, dem historischen Stammland der Perser, unweit vom späteren Persepolis entfernt, errichtete Kyros II. seine Hauptstadt Pasargadae. Das erste persische Großreich, das vom Kaspischen Meer bis zum Roten Meer reichte, benötigte natürlich eine funktionierende Verwaltung, die nach dem Tod von Kyros' Sohn Kambyses II. von Darius dem Großen (521–485) geschaffen wurde. Darius, der in der alten Hauptstadt Susa residierte, ließ Persepolis als Sommerresidenz in der Provinz Fars errichten; als Hüter vieler Völker begaben sich die persischen Könige je nach Jahreszeit in die verschiedenen Hauptstädte ihres Reichs.

Persepolis wurde an einer Bergflanke des Kuh e Rahmat auf einer künstlichen, 450 m langen und 300 m breiten Terrasse angelegt, die einen festungsähnlichen Charakter besaß. Darius erlebte die Fertigstellung der großartigen Anlage nicht mehr, sein Sohn Xerxes setzte sein Werk jedoch fort und vollendete die herrlichen Bauten des ehrgeizigen Unternehmens. Das eindrucksvollste Gebäude der Anlage ist sicher die riesige, mit 20 m hohen Säulen geschmückte Apadana, die Audienzhalle. In ihr zogen die Gesandten der den Achämeniden tributpflichtigen Staaten in langer Reihe am König vorbei. Zuvor hatten sie die Terrassenanlage über eine monumentale Freitreppe betreten und dann das imposante Tor aller Länder, eine Art Triumphbogen, passiert. Dieses Portal, von geflügelten Wächterfiguren mit Menschenkopf und Stierkörper bewacht, symbolisierte für die Tributbringer weithin sichtbar die Größe der persischen Macht. Die prachtvoll erhaltenen Reliefs an der Nord- und Ost-

▲ *Der Gebetssaal der Masdsched e Wakil, der „Moschee des Regenten", in Schiras ist mit kleinen Kuppeln überwölbt, die Mosaiken aus glasierten Fliesen schmücken. Die Kuppeln ruhen auf fünf Reihen gewundener Säulen, deren Kapitelle mit Akanthusblättern verziert sind.*

treppe der Apadana und an der zum Tor der Könige führenden Tripylontreppe zeigen nicht nur Abordnungen aus allen Gegenden des Reichs, sondern auch Soldaten der Königsgarde sowie miteinander kämpfende Löwen und Stiere. Selbst das kleinste Detail ist in den Reliefs sorgfältig herausgearbeitet. Reliefschmuck ziert auch die Halle der Hundert Säulen, die erst unter Xerxes' Sohn Artaxerxes fertiggestellt wurde. Ihr Dach wurde einst von zehn Reihen mit je zehn fast 15 m hohen Säulen gestützt.

Nach der Zerstörung der Stadt durch Alexander den Großen verwaiste Persepolis. Seit 1931 werden die Überreste der alten Achämenidenhauptstadt wieder freigelegt.

Schiras

Stadt der Rosen und der Dichter

Rund 80 km südwestlich von Persepolis liegt Schiras, das schon im 12. Jh. als „Dichterhauptstadt des Iran" gerühmt wurde. Von dem alten Glanz ist in der inzwischen auf ungefähr 850 000 Einwohner angewachsenen und im Zuge einer radikalen Modernisierung veränderten Stadt nur noch wenig zu spüren. Man muß schon im Frühjahr nach Schiras kommen, um zu erahnen, warum hier zwei der größten Dichter Persiens, Sadi (1213–1292) und Hafes (1326–1388), ihre bedeutendsten Werke schufen. In dieser Jahreszeit versinkt die ihres milden Klimas wegen beliebte Stadt buchstäblich in blühenden Rosen, die Luft ist dann klar und lau. Rosengärten umschließen auch die Mausoleen der beiden berühmten Poeten, die im Iran von jeher besondere Hochachtung genießen; Scharen von Menschen pilgern alljährlich zu ihren Grabstätten.

Schiras ist eine uralte Stadt, seine Neue Moschee stammt aus dem 12. Jh.! Über die vorislamische Zeit berichten die Chroniken allerdings nichts, die historische Epoche von Schiras beginnt mit der Eroberung durch die Araber im Jahr 684 n. Chr. Zwei Jahrhunderte später war die in einer ausgedehnten Hochebene gelegene Stadt bereits fürstliche Residenz. Im Mittelalter wurde Schiras durch Woll- und Brokatstoffe, seinen Wein und seine Trauben berühmt. Nach dem Sturz der Safawiden-Dynastie wählte der neue Herrscher Karim Khan Zand Schiras als Residenz und nahm den Titel des *Wakil* (Regenten) an. Er bescherte der Stadt nicht nur eine fast 30 Jahre währende Friedenszeit, sondern auch die mit Mosaiken aus glasierten Fliesen geschmückte Masdsched e Wakil (Moschee des Regenten). Der Basar, einer der schönsten und farbenprächtigsten des Iran, entstand ebenfalls während der Regentschaft Karim Khan Zands (1750–1779). Berühmt sind die Silberarbeiten und Teppiche, die in Schiras seit Jahrhunderten hergestellt werden. Seine moderne Industrie, die im Ersten Golfkrieg mehrfach Ziel schwerer Angriffe der irakischen Luftwaffe war, produziert hauptsächlich Textilien, Zucker, Düngemittel und Zement.

Schiras ist die Hauptstadt der Provinz Fars, der Heimat der Kaschgai, die zum großen Teil noch als Nomaden in den Steppen und Gebirgen leben. Wenn einer der

Stämme auf seiner Wanderschaft an der Stadt vorbeikommt, besuchen die Nomadenfrauen stets den Basar, um dort verschiedene Tücher zu kaufen, die sie für ihre traditionelle Kleidertracht benötigen. Sie tragen mehrere Röcke übereinander, dazu eine Weste und etliche Schals – jedes Kleidungsstück in einer anderen, leuchtenden Farbe.

Isfahan

Die „Hälfte der Welt“

Eine Stadt wie aus einem orientalischen Märchen, in einer fruchtbaren Oase gelegen, mit traumhaft schönen Moscheen, Minaretten und Palästen – so stellt man sich die drittgrößte Stadt des Iran (etwa 1 Mio. Einwohner) im Abendland gemeinhin vor, und so wurde sie von Forschungsreisenden aus Europa seit dem 17. Jh. immer wieder beschrieben. Die Iraner teilen diese überschwengliche Begeisterung, für sie ist Isfahan *Nesf e Dschahan*, die „Hälfte der Welt“ – nicht mehr und nicht weniger. Von ihrer geheimnisvollen Anziehungskraft hat die wohl bereits in der Achämenidenzeit besiedelte Stadt nur wenig eingebüßt, obwohl sie sich im Lauf der letzten Jahrzehnte zu einem bedeutenden Industriestandort entwickelt hat.

Der Ruhm Isfahans ist eng verknüpft mit dem der Dynastie der Safawiden, unter deren Herrschaft die persische Kultur im 16. und 17. Jh. ihr goldenes Zeitalter erlebte. Die in einer Flußoase gelegene Stadt war schon mindestens 1500 Jahre alt, als Schah Abbas I. (1537–1629) seine Residenz am Ende des 16. Jh. von Kaswin nach Isfahan verlegte. Er wollte, wie ein französischer Kunsthistoriker einmal bemerkte, „eine Stadt errichten, wie sie die Welt noch nie gesehen hatte. In einer Epoche, in der die Städte des Abendlandes noch aus einem Gewirr verwinkelter Gassen und kleiner Plätze bestanden, ein Jahrhundert, bevor man in Frankreich das Schloß und die Gärten von Versailles schuf, ersann und verwirklichte der orientalische Herrscher eine grandiose, symmetrisch gestaltete Stadtanlage mit großzügigen Plätzen und breiten Avenuen, die noch heute unübertroffen ist.“

Das beste Beispiel dieses anspruchsvollen Plans ist die großzügige Hauptstraße Isfahans, der Tschehar Bagh, die mehrere Kilometer weit schnurgerade in nordsüdlicher Richtung durch die Stadt verläuft und die ein breiter, mit Bäumen bepflanzter Grünstreifen in der Mitte teilt. Der Tschehar Bagh war ursprünglich von den Palästen des Königs und seiner Geliebten gesäumt. Heute stehen dort Hotels und Geschäfte, die die Hauptstraße zur kommerziellen Schlagader des modernen Isfahan machen. Die Pracht

▲ *Am östlichen Stadtrand von Schiras befindet sich das Mausoleum des Moscharrefoddin Ebn Moslehoddin, besser bekannt unter dem Namen Sadi. Er lebte im 13. Jh. und gilt als einer der größten persischen Dichter.*

und Größe des alten Ensembles dienten ausschließlich dem Zweck, die Moscheen und Paläste voll zur Geltung kommen zu lassen. Unter diesen befinden sich einige der Hauptwerke islamischer Architektur.

Das älteste und zugleich eines der sehenswertesten Bauwerke Isfahans ist die Masdsched e Dschomeh, die Freitagsmoschee. Nach dem traditionellen persischen Bauplan errichtet, umfaßt sie einen weiten rechteckigen Hof mit vier Iwanen, der von Säulenräumen umschlossen ist. Der Hof und die angrenzenden Säulenräume boten einst Platz für die gesamte Bevölkerung der Stadt. Die Freitagsmoschee, die sich auf einer Fläche von 170 mal 140 m erstreckt, reicht in ihren ältesten Teilen bis ins 11. Jh. zurück; wiederholt wurde sie renoviert, umgebaut und ergänzt. Sie stellt daher einen Querschnitt durch sämtliche Epochen der islamischen Baukunst im Iran, vom frühen Mittelalter bis zur Gegenwart, dar.

Die früheste Epoche spiegelt sich in den Kuppeln des großen Saals gleich neben dem Eingang wider, die aus gebrannten Ziegeln in Erdfarben erbaut sind. Der einzige Schmuck besteht hier aus geometrischen Ziegelmustern – Sternen, Rosetten, Quadraten und Rauten. Die darauffolgende Epoche der Seldschuken und der Mongoleneinfälle (12.–14. Jh.) wird am besten durch den westlichen Iwan repräsentiert. Er ist mit Nischen

▲ *Der West-Iwan der Khomeinimoschee (der einstigen Königsmoschee) von Isfahan spiegelt sich im Wasserbecken des Innenhofs, das für die rituellen Waschungen bestimmt ist.*

versehen, erstmals wurden auch glasierte Ziegel in blauen und schwarzen Farbtönen verwendet, alles in allem fällt die Farbgebung jedoch noch spärlich aus. Vollkommen anders dagegen der südliche Iwan, den bunte Fliesenmosaiken aus dem 15. Jh. zieren.

Farbenprächtiger Fliesenschmuck ziert auch die beiden Moscheen am Khomeiniplatz, dem Meidan e Khomeini. Der imposante Platz, ein ausgedehntes Rechteck von 500 mal 140 m, wird von doppelstöckigen Arkaden gesäumt; die untere Arkadenreihe schützt Läden, während die obere nur der Dekoration dient. Abgesehen von einigen Straßeneinmündungen werden die Arkadenreihen nur von vier Bauwerken unterbrochen: von der Masdsched e Khomeini (Khomeinimoschee) und dem Qaisariyeh (Eingangstor zum Basar) an den kurzen Seiten, von der Lotfollahmoschee aus der Zeit Schah Abbas' I. und vom Pavillon Ali Qapu an den beiden langen Seiten.

Die Baukunst der Safawiden

Moscheen und Paläste

Die 1637 nach 25jähriger Bauzeit vollendete Königsmoschee – 1979 umbenannt in Khomeinimoschee – ist das großartigste Baudenkmal der Safawidenzeit und zugleich das bekannteste Beispiel der farbenfrohen iranischen Baukunst. Während sich das Eingangsportal der Moschee an der Mittelachse des Khomeiniplatzes orientiert und sich harmonisch in die Arkadengänge einfügt, weicht die Längsachse von dieser bewußt ab, da die Baumeister diese exakt nach Mekka auszurichten hatten. Ihre vier Minarette und die gigantische Kuppel reichen bis zu 54 m hoch über den Erdboden. Die Moschee verfügt über eine verschwenderische Ausstattung: Man wird keinen Quadratzentimeter finden, der nicht mit glasierten Fliesen oder Mosaiken bedeckt ist. Ein Kunsthistoriker gab seine Eindrücke von dem Bauwerk in der folgenden Beschreibung wieder: „Wenn man das gewaltige Portal betritt, erblickt man einen Wasserfall blauer Stalaktiten, der von den Gewölben herabstürzt. Er teilt sich in regelmäßig geformte Bündel, dann in Myriaden von Tröpfchen, um zum Schluß über die Innenwände zu strömen, die mit wundervollen Fliesen geschmückt sind."

Im Innenhof des Gotteshauses fühlt man sich in eine türkisblaue Welt versetzt, denn nicht nur die Fassaden und die Kuppelgewölbe, sondern auch das Wasserbecken in der Mitte der Moschee, das diese Szenerie widerspiegelt – alles scheint in blaue Farben getaucht. Damit erzielten die Baumeister den gewünschten Effekt, wollten sie doch die heutige Khomeinimoschee durch ihre Architektur und Ausstattung zu einem „Abbild des Paradieses" machen.

Die Lotfollahmoschee, wahrscheinlich im Jahr 1617, also 20 Jahre früher als die einstige Königsmoschee, fertiggestellt, besitzt ein völlig anderes Erscheinungsbild. Als privates Gotteshaus für Schah Abbas I. geplant, verfügt sie weder über einen Innenhof noch über ein Minarett; außerdem sind ihre Ausmaße viel geringer bemessen als die Masdsched e Khomeini am südlichen Ende des Khomeiniplatzes. Die eher schlichte Architektur wird indes durch die kunstvolle Ausschmückung – kostbarer Kachelschmuck sowie dekorative Rankenmuster – wettgemacht; wenn die Khomeinimoschee ein funkelnder Diamant ist, dann ist die Lotfollahmoschee eine schimmernde Perle.

Genau gegenüber der Lotfollahmoschee, auf der anderen Seite des Khomeiniplatzes, steht ein sonderbarer würfelförmiger Bau: das Ali Qapu (Hohes Tor), ein ursprünglich einfaches Torgebäude, das Schah Abbas I. Anfang des 17. Jh. zu einem kleinen dreistöckigen Palast ausbauen ließ. Seine Räume und Säle sind mit herrlichem Wandschmuck

▲ *Isfahan: Das Gewölbe über dem Haupteingang der Khomeinimoschee – eine von Menschenhand geschaffene Tropfsteinhöhle mit Stalaktiten aus bunten Kacheln*

in leuchtenden Farbtönen ausgemalt. Im obersten Stockwerk befinden sich die am aufwendigsten ausgestatteten Räume, die alle mit kostbaren Holzschnitzereien verkleidet sind. Der größte Raum dieser Etage soll einst als Konzertsaal gedient haben. Schah Abbas hielt sich gerne in dem kleinen Palast auf und beobachtete von den oberen Räumlichkeiten aus das Leben und Treiben auf dem einstigen Königsplatz.

Das Hohe Tor bewacht den Eingang zu den königlichen Gärten, in denen früher etliche Paläste und Pavillons verstreut lagen. Von diesen blieb lediglich der berühmte Tschehel Sotun, der Pavillon der Vierzig Säulen, erhalten. Wer ihn erbauen ließ, ist unter den Experten umstritten, wahrschein-

▶ *Die Kaschgai, ein Nomadenvolk, das in der Provinz Fars beheimatet ist, benötigen nur wenige Utensilien zur Herstellung ihrer Teppiche; die Kelims dienen vor allem dem persönlichen Gebrauch.*

lich gab Abbas II. während seiner Regentschaft zwischen 1641 und 1666 dazu den Auftrag. Seinen Namen verdankt der Pavillon der Vierzig Säulen den achteckigen Holzsäulen, die das Dach der Vorhalle tragen. Besucher zählen allerdings immer nur 20 Säulen; da sich der Pavillon jedoch in einem davorliegenden Wasserbecken spiegelt, erkennt man 40 Säulen. Das Bauwerk wurde mehrfach zerstört und wieder aufgebaut; es zählt heute zu den bedeutendsten Architekturleistungen der Safawiden.

Ein anderer Pavillon, der am Tschehar Bagh gelegene Hascht Behescht (Acht Paradiese), war, wie der französische Reiseschriftsteller Jean Chardin (1643–1713) einer interessierten Leserschaft in der Heimat berichtete, „ein Labyrinth von Nischen und Séparées", das „den Freuden der Liebe" geweiht war. Der Reichtum der Perser, so kann man dem zeitgenössischen Bericht weiter entnehmen, liege in ihren Harems, in den vielen Frauen, für die sie keine Kosten scheuten, und im Überfluß von Liebe, der ihnen zuteil werde.

Die nur einen Steinwurf von diesem Liebesnest entfernt gelegene Medrese e Madar e Schah diente als Koranschule der Königsmutter ganz anderen Zwecken. Ihre Gebäude gehören zu einer weitläufigen Anlage, die z. B. auch eine Karawanserei und einen überdachten Basar einschloß. Ursprünglich kamen die Einnahmen aus der Karawanserei und dem Basar den Studenten zugute. Der Iran verdankt dieses letzte Juwel der Baukunst der Safawiden der Mutter Schah Sultan Hosains I.; 1722, acht Jahre nach der Fertigstellung der Medrese, zerbrach die Dynastie der Safawiden unter dem Ansturm der Afghanen.

Am Fluß

Wo die Teppiche gewaschen werden

Wenn man von der Medrese auf der Prachtavenue Tschehar Bagh in südlicher Richtung spaziert, erreicht man nach etwa einer Viertelstunde die Brücke der Dreiunddreißig Bogen, die über den Fluß Sajande Rud führt, der im Zagrosgebirge entspringt, die Oase von Isfahan bewässert und schließlich in der Wüste versickert. Die knapp 300 m lange Brücke bietet besonders bei Sonnenuntergang einen schönen Anblick.

Hinter der nächsten Flußkrümmung stellt sich die Pol e Chadschu dem Sajande Rud in den Weg. Zwischen den Pfeilern des unter Abbas II. um die Mitte des 17. Jh. errichteten Bauwerks befinden sich große Toranlagen, die einst das Wasser des Flusses stauten, das zur Bewässerung der königlichen Gärten benötigt wurde.

▲ *Die Freitagsmoschee von Isfahan, die sich auf einer Fläche von 170 mal 140 m erstreckt, reicht in ihren ältesten Teilen bis ins 11. Jh. zurück. Ihr mit prachtvollen Fliesenmosaiken verzierter südlicher Iwan wird von zwei Minaretten flankiert.*

Am Anfang, in der Mitte und am Ende der Brücke erhebt sich jeweils ein kleiner Pavillon, die Fahrbahn wird an beiden Seiten von Arkaden flankiert. Im Frühjahr, in den letzten Wochen vor dem Ende des iranischen Jahrs, ist die Umgebung der Brücke Schauplatz einer ganz besonderen Art von Frühjahrsputz: des rituellen Teppichwaschens. Teppiche in allen Größen, Farben und Qualitäten werden in das zu dieser Jahreszeit etwa knietiefe Wasser gelegt und mit großen Steinen beschwert. Dann werden die Teppiche, auf denen sich im Lauf des Jahres Staub und Schmutz angesammelt haben, im fließenden Wasser gewaschen, anschließend auf den Felsen am Ufer ausgebreitet und kräftig gebürstet. Hierzulande wären die stolzen Besitzer eines echten Persers vermutlich entsetzt, wenn ihr kostbarer Teppich eine solche Roßkur über sich ergehen lassen müßte, die Iraner sind aber offenbar von der robusten Qualität ihrer Produkte und Dauerhaftigkeit ihrer Farben fest überzeugt. Außerdem verwandelt sich auf diese Weise ein nagelneuer Teppich in Rekordzeit in einen „antiken", für den man einen höheren Preis verlangen kann.

▲ *Die um die Mitte des 17. Jh. unter Abbas II. errichtete Brücke Pol e Chadschu ist 132 m lang und besitzt 24 Bogen. Dank großer Toranlagen zwischen ihren Pfeilern konnte die Brücke in einen Staudamm verwandelt werden.*

Handwerkskünste

Kupferschmiede und Teppichknüpfer

Das Kunsthandwerk hat in Isfahan eine lange Tradition, und seine Einwohner gelten auf diesem Gebiet als ausgesprochene Experten. Die berühmten Teppiche werden meist in den umliegenden Dörfern von flinken Händen geknüpft, die anderen Gewerbezweige sind im Basar angesiedelt – wo sonst! Der Basar in der Nähe des Khomeiniplatzes, einer der größten des Landes, besitzt eine eigene Abteilung, in der man den Handwerkern bei ihrer Arbeit zuschauen kann.

Hier hämmern die Kupferschmiede ihre Teller und gravieren dann Verzierungen in sie ein, die an die Muster und Ornamente in den Kuppeln der Moscheen oder an das Zentralmedaillon der Teppiche erinnern. Nebenan hockt ein Handwerker im Schneidersitz auf dem Erdboden und preßt mit kleinen handlichen Druckstöcken, die aus Holz geschnitzt und mit Farbe versehen sind, Muster auf sandfarbene oder weiße Baumwolltücher. Wenn er mit einer Farbe fertig ist, setzt er die Arbeit mit der nächsten fort; auf diese Weise entstehen die kompliziertesten Motive. Nahebei zaubert ein Miniaturenmaler auf ein Stück Kamelknochen eine ganze Welt von Höflingen, Musikern und Tänzerinnen. Die mit einem haarfeinen Pinsel gemalten Miniaturen sind so winzig, daß man Details nur unter der Lupe erkennen kann.

Ein Stück weiter trifft man auf die Zunft der Färber, die die Wolle nach alten Rezepten mit leuchtenden Farben behandeln. Hinter ihrer Werkstatt führt eine schmale Treppe auf das Dach des Basars hinauf. Dort oben trocknen dicke Wollbündel auf langen Stangen in der Sonne, deren schwarze und grüne Farben scharf von den erdbraunen Dächern abstechen. Hie und da ragen ein paar Baumkronen über die Dächer und zeigen einen Innenhof oder einen Garten an.

Am südlichen Ufer des Flusses, fernab vom Stadtzentrum, liegt Dscholfa, das Armenierviertel von Isfahan. Es wird von den Nachkommen der armenischen Handwerker und Händler bewohnt, die Schah Abbas I. im frühen 17. Jh. aus der Stadt Dscholfa in Aserbaidschan zwangsweise in seine neue Residenz umsiedeln ließ. Der Schah wollte beim Aufbau der Stadt nicht auf die Unterstützung der als tüchtige Baumeister und clevere Kaufleute bekannten Armenier verzichten, wofür er ihnen bereitwillig zahlreiche Privilegien einräumte; so durften sie z. B. christliche Kirchen erbauen. Von der in der ersten Hälfte des 17. Jh. errichteten Erlöserkirche ist nur das Innere erhalten, die Außenfassaden stammen aus dem 20. Jh. Im Innenraum spiegeln sich die verschiedensten Einflüsse wider, manches ist der einheimischen Kunst entlehnt, anderes scheint aus Rußland den Weg nach Isfahan gefunden zu haben, und auch die europäische Kunst ist mit Gemälden vertreten.

◀ *In der Medrese e Madar e Schah, der Anfang des 18. Jh. erbauten Koranschule der Königsmutter in Isfahan, lauscht eine Gruppe angehender Geistlicher einem schiitischen Gelehrten.*

Abenteuer Erdöl

Der flüssige Schatz des Iran

Die Küste des Persischen Golfs ist keine besonders einladende Gegend. Im Sommer steigen die Temperaturen regelmäßig auf über 45 °C an, selbst die an extreme Hitze gewöhnte einheimische Bevölkerung rettet sich in ihre Häuser, in denen Windtürme (oder Klimaanlagen) für kühlere Temperaturen sorgen. Der Küstenstreifen erhält nur sehr geringe Niederschläge; da außerdem das Grundwasser durch aufsteigende Salzstöcke und einsickerndes Meerwasser salzhaltig ist und nicht zur Bewässerung verwendet werden kann, gehört die Golfküste abseits der Erdölstädte zu den wirtschaftlich schwächsten Regionen des Landes. Jenseits der Straße von Hormus, im Hinterland der Makranküste, liegt die Provinz Belutschistan, ein von Hirtennomaden besiedeltes Land, in dem Dünenfelder und Salzseen große Flächen einnehmen. Während im Sommer im Landesinnern eine trockene, einigermaßen erträgliche Hitze herrscht, ist das Klima am Persischen Golf das ganze Jahr über schwül und ungastlich.

Dennoch sind die nördliche und westliche Golfküste Regionen ausgeprägtester Aktivitäten, denn nur wenige Gebiete in der Welt besitzen eine derartige wirtschaftliche und also auch politische wie militärische Bedeutung. Die Ausländer, die in der Erdölindustrie beschäftigt sind, nehmen die klimatischen Bedingungen in Kauf, werden sie doch für die Strapazen mit überdurchschnittlichen Gehältern entlohnt. Hier befinden sich die ausgedehntesten Erdöllager unseres Planeten. Der Iran, der Irak, Saudi-Arabien und die kleineren arabischen Golf-

▲ *Die gesellschaftliche Rolle der kurdischen Frauen ist wie bei allen anderen islamischen Völkern eng umrissen. Kurdische Mädchen werden bereits im Alter von 15 Jahren verheiratet, der Brautpreis wird heute meist in Bargeld entrichtet.*

▲ *Ursprünglich ein einfaches Torgebäude, wurde das Ali Qapu in Isfahan auf Anordnung von Schah Abbas I. zu einem prachtvollen Palast ausgebaut. Die Decken und Wände der Räume im obersten Geschoß sind mit aufwendigen Holzschnitzereien verkleidet, die nicht nur prachtvoll wirken, sondern gleichzeitig die Akustik verbessern.*

staaten verfügen damit über eine der natürlichen Ressourcen, ohne die die Industriegesellschaften nicht existieren können. Jeder Staat ist deshalb darauf erpicht, sich einen Anteil an dem flüssigen Schatz zu sichern.

Riesige Tanker aus aller Welt, seit den Tagen des Ersten Golfkriegs mit hohen Versicherungsprämien belastet, steuern die Häfen an der Golfküste an, um ihren Bauch mit dem flüssigen Gold füllen zu lassen. Längst fördert man Erdöl nicht nur auf dem festen Land, weit vor der Küste ragen bizarre Stahlkonstruktionen aus dem Wasser: Bohr-, Explorations-, Förder- und Wohnplattformen. Erdgas, das aus den Bohrlöchern strömt, wird zu einem großen Teil noch nutzlos abgefackelt; die gewaltigen Gasfackeln tauchen die Plattformen und das Meer nachts in ein gespenstig orangerotes Licht. Obwohl die Förderung aus dem Meeresboden stark an Bedeutung gewinnt, befindet sich das Zentrum der iranischen Erdölwirtschaft immer noch in der Provinz Chusistan an der Nordseite des Persischen Golfs. Hier begann zu Anfang dieses Jahrhunderts auch die durchaus abenteuerliche Geschichte der Erdölförderung.

Nach jahrelangen erfolglosen Bohrungen im südlichen Iran stieß im Mai 1908 ein englisches Prospektorenteam in der Nähe der Stadt Masdjid-i-Sulaiman auf Erdöl. Von diesem Tag an ging alles sehr schnell. Im April 1909 wurde die von den Briten kontrollierte Anglo-Persian Oil Company gegründet, 1911 begann man mit dem Bau einer Pipeline von Masdjid-i-Sulaiman nach Abadan, und 1914 exportierte Persien erstmals Rohöl. Die Fördermengen stiegen von 43000 t im Jahr 1911 auf etwa 1 Mio. t im Jahr 1919 an, 1937 erreichte die Förderung erstmals die 10-Mio.-Marke. Die kurz nach den ersten Erdölfunden in Abadan errichtete Raffinerie wurde 1930 zur größten Raffinerie der Welt ausgebaut. Vom Erdölgeschäft profitierten in erster Linie die Briten, nicht zuletzt die britische Regierung, die sich aus strategischen Gründen 51% des Aktienkapitals gesichert hatte, während die Perser nur mit kleinen Prämien für die Fördererlaubnis abgespeist wurden – kein Wunder, daß die ungerechte Regelung von Anfang an Anlaß zu ständigem Streit war.

Da die Briten in der Folgezeit an einer Umverteilung nicht interessiert waren, wuchs die Unzufriedenheit der iranischen Bevölkerung über den Vertrag, bis Mossadegh 1951 die Ölindustrie nationalisierte. Fortan war die National Iranian Oil Company der alleinige Eigentümer der Ölvorkommen und erhielt nach dem zwischen Schah Resa Pahlawi und einem internationalen Konsortium 1954 geschlossenen Vertrag gegenüber 1951 ein etwa viermal höheres Einkommen pro Tonne Rohöl. Nachdem sich die OPEC, die Organisation der Erdöl exportierenden Länder, 1973 zu einer drastischen Kürzung der Fördermengen und kräftigen Preisaufschlägen entschlossen hatte, stiegen die Einnahmen des Iran aus dem Erdölgeschäft 1974 auf die phänomenale Summe von rund 22 Mrd. $. Die Einnahmen ermöglichten es dem Iran, die Industrialisierung voranzutreiben, sein Verkehrswesen auf den modernsten Stand zu bringen, in den Ausbau der petrochemischen Industrie zu investieren, aber auch das teuerste militärische Gerät einzukaufen. Die Revolution der Mullahs drosselte dann die Förderung, und während des Ersten Golfkriegs wurden die Verladestationen, Bohranlagen und Raffinerien zum Teil erheblich beschädigt. Wie viele Erdölmilliarden der Erste Golfkrieg den Irak und den Iran gekostet hat, ist unbekannt, beide Länder hätten ihren Reichtum zweifellos besser einsetzen können.

Kurdistan

Ein internationaler Unruheherd

Das Siedlungsgebiet der Kurden in den Gebirgen und Hochländern Vorderasiens ist ein „wildes“ Land. Die Berichte, die heute von

▲ *Kurdische Jungen blicken auf ihr Heimatdorf, dessen aus Lehm oder Stein errichtete Häuser oft nur aus einem Raum bestehen.*

Presseagenturen und Auslandskorrespondenten verbreitet werden, scheinen dieses Bild zu bestätigen, machen doch die Kurden nicht nur durch friedliche Aktionen, sondern auch durch Terroranschläge und Entführungen die Weltöffentlichkeit auf ihre Probleme aufmerksam. Im Friedensvertrag von Sèvres wurde den Kurden 1920 von den Siegermächten des Ersten Weltkriegs und der Türkei ein unabhängiger Staat versprochen – bis heute jedoch blieb es bei dem Versprechen.

Wo Kurdistan eigentlich liegt, können selbst studierte Fachleute nicht genau sagen, denn die Kurden leben über weite Teile Vorderasiens verstreut, im Iran z. B. bis hinunter nach Schiras und Kerman. Die Landschaft Kurdistan beschränkt sich nicht nur auf den Iran, sondern reicht weit in den Irak und in die Türkei hinein; ihre Grenzen sind nicht definiert. Die Gesamtzahl der Kurden im Iran wird auf 4 Mio. geschätzt; sie verteilen sich auf etwa 60 Stämme.

Größte Stadt des iranischen Kurdistan ist Bakhtaran mit rund 560000 Einwohnern, die jedoch nicht alle kurdischer Herkunft sind. Das einstige Kermanschah besitzt kaum sehenswerte Baudenkmäler, lohnend ist jedoch ein Besuch des Basars der im 4. Jh. erstmals erwähnten Stadt. Dieser, ein Gewirr von Treppen und schmalen Gäßchen, zieht sich die steilen Hänge eines Hügels hinauf. Am Stadtrand liegen die berühmten Grotten von Taq e Bustan, berühmt wegen ihrer prächtigen Reliefs aus der Zeit der Sassaniden. Das schönste stellt eine Wildschweinjagd dar: Treiber auf dem Rücken von Elefanten treiben eine Wildschweinrotte in ein Sumpfgebiet, wo ihr Bogenschützen in Booten auflauern.

Die Straße nach Norden führt durch ein zerfurchtes Bergland mit schroffen Gipfeln und tiefen Abgründen; in die Felswände gehauen, balanciert die Straße an atemberaubend steilen Hängen entlang. Zwischen den Gipfeln tauchen immer wieder neue Höhenzüge und Bergspitzen auf. Angesichts dieser grandiosen und erbarmungslosen Landschaft scheint es nicht verwunderlich zu sein, daß die Kurden zu wilden Kriegern wurden; das harte Leben im Gebirgsland hat sie auf alle möglichen Kämpfe vorbereitet, und an Gelegenheiten, sich im Kampf zu erproben, hat es in der Vergangenheit wahrlich nicht gemangelt. Zum einen sind die Stämme untereinander zerstritten, zum andern müssen sie sich gegen ihre Nachbarn wehren, die ihnen das Land streitig machen. Die Kurden, die um keinen Preis ihre Identität aufgeben wollen, sind bislang noch nicht im Schmelztiegel Iran aufgegangen.

Täbris

Das moderne Babylon Vorderasiens

Die zentrale Lage des Iran wird nirgends so deutlich wie in der Provinz Aserbaidschan, die im Westen an die Türkei, im Norden an Armenien und die Republik Aserbaidschan, ehemals Gliedstaat der Sowjetunion, im Osten ans Kaspische Meer und im Süden an die Provinz Kurdistan grenzt. Im Basar ihrer Hauptstadt Täbris herrscht ein wahrhaft babylonisches Sprachengewirr. Türken, Armenier, Turkmenen und Kurden verständigen sich hier in einem Kauderwelsch aus einem halben Dutzend Sprachen und Dialekten. Die führende Sprache in Aserbaidschan ist nicht das Farsi (Persisch), sondern Aseritürkisch. Der Zwang, mit jedem Kunden in dessen Muttersprache zu feilschen, hat die Kaufleute von Täbris zu Sprachgenies gemacht; neben mehreren einheimischen Sprachen und Dialekten sprechen sie meist auch ein paar Brocken Englisch, Französisch, Deutsch und Italienisch, weshalb Touristen, die den Basar besuchen, nicht selten mit viel Geschick in ihrer eigenen Sprache zum Kauf animiert werden.

Nur wenige Basare im Iran verfügen über ein derart reiches Warenangebot wie der von Täbris. Groß ist die Auswahl an kunstgewerblichen Artikeln: Neben den zu Recht berühmten Teppichen findet man u.a. *Batiks* (Stoffdrucke, vor allem Seide, auf gelbem oder rotem Untergrund), *Sumaks* (handgewebte Wollstoffe) und *Varnis* (Teppiche, die aus Schafwolle gewebt werden). Das Sortiment war früher reichhaltiger, vor allem im Mittelalter, als sich in Täbris die Karawanen aus dem Orient und Okzident trafen und hier mit Waren aus allen Gegenden der Alten Welt gehandelt wurde. Der Glanz der alten Handelsmetropole, die im 13. und 15. Jh. offizielle Hauptstadt des Iran war, ist verblaßt, und die meisten Bauwerke, die damals errichtet wurden, fielen Erdbeben und Plünderungen von Eroberern zum Opfer. Die Blaue Moschee (Masdsched e Kabud) – im 15. Jh. errichtet – ist stark verfallen und muß von Grund auf restauriert werden.

Aserbaidschan

Region der Gegensätze

Als Verkehrsknotenpunkt hat Täbris jedoch nichts von seiner Bedeutung eingebüßt, sternförmig verlaufen die Straßen von der Hauptstadt der Provinz Aserbaidschan in alle Richtungen. Im Westen erstreckt sich der etwa 140 km lange und 55 km breite Urmiasee, dessen Wasser so salzhaltig wie das des Toten Meers ist. Nicht weit vom See entfernt, nahe der türkischen Grenze, verbirgt ein Bergkessel das armenische Kloster St. Thaddäus. Die ältesten Teile der aus dunklem Gestein errichteten Wehrkirche stammen aus dem 1. Jh. n. Chr. Früher pilgerten jedes Jahr im Juli Tausende von Armeniern dorthin, um des Märtyrers Thaddäus (oft mit St. Judas identifiziert) zu gedenken, der nach der armenischen Legende an der Stelle des heutigen Klosters um 66 n. Chr. die erste Kirche der Welt errichtete. Seit September 1991 besitzen die Armenier mit der Republik Armenien wieder einen unabhängigen Staat, der allerdings nur einen Teil des armenischen Volks beherbergt und zudem noch in einen blutigen Konflikt mit der Republik Aserbaidschan verstrickt ist.

Von Täbris aus führt eine Straße in nordöstlicher Richtung und zum Kaspischen Meer. Sie durchquert zunächst die Hochflächen von Aserbaidschan, die nur zu einem geringen Teil als fruchtbares Acker- und Gartenland genutzt werden können, meist jedoch mit ihren gelblichgrünen Steppengräsern bloß eine karge Weide für die Herden weißer und schwarzer Schafe abgeben. Ein kräftiger, eiskalter Wind, der aus den verschneiten Gebirgen kommt, peitscht das Land und läßt seine Bewohner vor Kälte erzittern. In jedem Winter liegt diese Gegend des Iran monatelang unter einer dicken Schneedecke begraben. Um sich vor der Kälte zu schützen, hat man die Häuser tief in den Erdboden gegraben, ihre Standorte sind

▲ *Das armenische Kloster St. Thaddäus liegt im äußersten Nordwesten des Iran nahe der türkischen Grenze. Seine ältesten Teile stammen aus dem 1. Jh. n. Chr. Vor dem Ersten Golfkrieg war das Kloster eine der bedeutendsten Wallfahrtsstätten der christlichen armenischen Minderheit im Iran.*

aus der Ferne lediglich an zu Kegeln aufgeschichtetem, getrocknetem Kuhdung zu erkennen, der in dem waldarmen Hochland als Brennmaterial dient. Im Innern der Häuser leben die Aserbaidschaner unter dem *Corsi*: Die Zimmer sind über die ganze Fläche mit Matten oder Teppichen ausgelegt, nur in ihrer Mitte ist ein Platz für einen niedrigen Kachelofen ausgespart. Über den Ofen spannen die Aserbaidschaner eine Steppdecke von der Größe der Zimmer, um die Wärme dicht am Boden zu halten.

Die Aserbaidschaner sind ihren alten Sitten und Bräuchen treu geblieben; zu ihnen gehört auch die Polygamie, die in Aserbaidschan noch weit verbreitet ist (anders als im übrigen Iran, wo die Vielehe – obwohl ganz legal – praktisch verschwunden ist). Die Bauern aus dem Hochland erledigen ihre Einkäufe in Ardabil, einer Stadt nahe der Grenze zur Republik Aserbaidschan. Die Geburtsstadt von Schah Ismail I., des ersten Schahs der Safawiden-Dynastie, besitzt mit dem Mausoleum des Scheichs Safi ein sehenswertes Baudenkmal dieser Epoche. In ihm wurde neben dem frommen Scheich, nach dem die Safawiden benannt sind, auch Schah Ismail I. zur letzten Ruhe gebettet. Ein Gitter aus massivem Silber verschließt die Grabkammer, in welcher der mit kostbaren Teppichen bedeckte Sarg des Scheichs steht, der mit Holzschnitzereien und Einlegearbeiten aus Elfenbein geschmückt ist.

Hinter Ardabil erreicht die Straße nach rund 30 km eine Paßhöhe, nach deren Überquerung sich das Landschaftsbild völlig ändert. Die endlosen, kahlen Hochflächen machen Wäldern, grünen Wiesen und rauschenden Wildbächen Platz. Im Unterschied zu den halb im Erdboden vergrabenen Dörfern des Hochlandes trifft man jetzt Holzhäuser mit Satteldächern an, die ebensogut in der Schweiz stehen könnten. In zahllosen Serpentinen windet sich die Straße zum Tiefland des Kaspischen Meers hinunter, dessen Oberfläche knapp 30 m unter dem Spiegel der Ozeane liegt. Sie führt dabei dicht an der mit Mauern, Stacheldrahtverhauen, Wachtürmen und Kasernen versehenen ehemaligen sowjetischen Grenze entlang. Nach einigen Kilometern durch die Küstenebene erreicht man das Kaspische Meer, dessen Wellen und unverwechselbarer Meeresgeruch vergessen lassen, daß es strenggenommen nur ein Binnensee ist. Das südkaspische Küstentiefland einschließlich seiner Randgebirge paßt eigentlich gar nicht zum Iran, denn diese Region unterscheidet sich nahezu in jeder Beziehung vom Rest des Landes: Die zwischen dem Kaspischen Meer und dem mehr als 5600 m hohen Elbursgebirge eingezwängte Küstenebene ist z. B. beinahe so extrem feucht, wie der übrige Iran extrem trocken ist. Die Wolken, die von nördlichen Winden herangetrieben werden, stauen sich an den Randgebirgen und regnen sich über dem Tiefland aus, stellenweise fallen im Jahresdurchschnitt 2000 l pro m^2. Während im Tiefland die Wälder meist gerodet sind, tragen die Gebirgsflanken noch ihr üppiges Waldkleid – ein undurchdringlicher Urwald, in dem Wölfe und Bären keine Seltenheit sind. Der Küstensaum, früher ein malariaverseuchtes Sumpfgebiet, ist heute der Garten des Iran. Außer Reis kultivieren die Bauern hier Baumwolle, Zuckerrohr, Obst und Gemüse. Im Frühjahr, wenn die Landschaft in einem Meer von Blüten versinkt, erinnert den Besucher nichts an den Iran, vielmehr fühlt er sich beim Anblick der mit Reisstroh gedeckten Holzhäuser, der buntgekleideten Frauen und der im Schlamm der Reisfelder watenden Wasserbüffel nach Südostasien versetzt.

Das Kaspische Meer

Der See der Superlative

Ohne das Kaspische Meer wäre hier natürlich alles ganz anders. Der größte See der Erde, 1200 km lang und 350 km breit, spendet die Feuchtigkeit, die dem angrenzenden Tiefland das niederschlagsreiche Klima und das üppige Pflanzenkleid beschert. Aufgrund seiner gewaltigen Dimensionen verdient der See durchaus die Bezeichnung „Meer“, haben doch die Stürme, die über

▲ *Der Spiegel des Kaspischen Meers fällt ständig, da der verringerte Zufluß die Verdunstungsverluste dieses größten Sees der Erde nicht auffangen kann.*

ihm toben, ozeanische Qualität, und übertrifft sein Salzgehalt stellenweise doch sogar den der Weltmeere. Allerdings schrumpft das Kaspische Meer seit einigen Jahrzehnten, da die Wassermassen, die dem See vor allem durch die Flüsse Wolga und Ural zugeführt werden, die Verdunstungsverluste nicht ausgleichen können. Außerdem verringert sich der Zufluß, weil den Flüssen immer mehr Wasser für den Bewässerungsfeldbau und die Versorgung der Städte und Industriegebiete entzogen wird.

Die Fischer, die sich täglich in ihren kleinen Booten auf den See hinauswagen, machen hauptsächlich Jagd auf den Stör, den König unter den Fischen des Kaspischen Meers, der Längen zwischen 2 und 3 m erreichen kann; die Köche in den Restaurants am Seeufer bereiten aus ihm köstliche Fischspieße zu. Den exzellenten Ruf, den der Stör bei den Feinschmeckern genießt, verdankt er jedoch dem Kaviar, seinem Rogen, der nach alten Rezepten gesalzen wird. Als sündhaft teure Delikatesse dürfen die schwarzen Fischeier bei keinem luxuriösen Festmahl fehlen. Gourmets schätzen den iranischen Kaviar noch mehr als den russischen, er gilt als der beste der Welt.

Traditionelles Zentrum der Kaviarerzeugung ist die Hafenstadt Bandar Pahlawi, die nach dem Sturz des Schahregimes wieder in Bandar e Anzali umbenannt wurde. Die 1815 gegründete Stadt liegt auf einer sandigen Nehrung, die eine Lagune vom Meer abtrennt; innerhalb dieser liegen Dutzende kleiner Sandinseln verstreut, auf denen im Frühjahr die Dünenrosen blühen. Im Hochsommer füllt sich die Stadt mit Urlaubern aus der Hauptstadt Teheran, die für einige Wochen der Gluthitze des Hochlandes zu entfliehen versuchen. Östlich von Bandar e Anzali reihen sich kleine Seebäder an der Uferstraße aneinander – beliebtester Badeort ist Ramsar, wo Schah Mohammad Resa Pahlawi eine luxuriöse Villa besaß.

Meschhed

Märtyrerstätte des Resa

Der gesamte Nordosten des Iran wird von der Provinz Chorasan eingenommen, die mit einer Fläche von 313 000 km² fast so groß wie die Bundesrepublik Deutschland ist. Neben vielen anderen Völkern leben hier auch die Turkmenen, ein Nomadenvolk, das nur widerwillig zur seßhaften Lebensweise übergeht. Die Turkmenen, die man an ihrem gelben Teint und den mongolischen Gesichtszügen leicht von den übrigen Iranern unterscheiden kann, sind außerordentlich geschickte und wendige Reiter, die in der Vergangenheit manche persische Stadt überfallen und geplündert hatten. Diejenigen von ihnen, die noch als Nomaden umherstreifen, suchen an Markttagen die Städte auf; in der näheren Umgebung errichten sie dann ihre typischen Jurten, in denen sie seit Jahrhunderten leben und die sie auch heute noch jeder festen Behausung vorziehen.

◄ *Turkmenisches Mädchen. Das ursprünglich in den Steppen Zentralasiens beheimatete Nomadenvolk der Turkmenen fügt sich nur widerstrebend in die Lebensweise seßhafter Ackerbauern und Viehzüchter.*

Mittelpunkt der Provinz ist Meschhed, dessen voller Name ursprünglich wohl Meschhed ar Risawi (Märtyrerstätte des Resa) lautete. Die mit fast 1,5 Mio. Einwohnern zweitgrößte Stadt des Iran, eines der wichtigsten Heiligtümer des schiitischen Islam, lebt zum großen Teil vom Pilgerverkehr. Jahr für Jahr ziehen Hunderttausende von Pilgern aus allen Provinzen des Iran, aus Afghanistan und Pakistan hierher, um den Heiligen Bezirk mit dem Mausoleum des Imams Resa, des einzigen direkten Nachkommen Mohammeds, der auf persischem Boden bestattet ist, zu besuchen. In der Hauptwallfahrtszeit ist die Stadt, in der sich übrigens auch das Grab des Kalifen Harun Ar Raschid befindet, hoffnungslos überfüllt; viele Pilger, die kein festes Dach über dem Kopf gefunden haben, sind dann gezwungen, auf den Bürgersteigen zu schlafen. Die meisten Moslems müssen jahrelang für die Wallfahrt sparen, aber jeder fromme Schiit betrachtet es als seine heilige Pflicht, mindestens einmal im Leben das Grab des heiligen Imams Resa zu besuchen.

Als Imam Resa, der achte der zwölf Imame, hier im Jahr 817 starb, existierte Meschhed noch nicht. Um das für den Imam errichtete Mausoleum herum entstand bald eine Stadt, die als Wallfahrts- und Handelsort aufblühte und um die Mitte des 18. Jh. sogar für einige Jahre persische Landeshauptstadt war. Kein Herrscher ließ es sich nehmen, das berühmte Heiligtum zu verschönern und zu vergrößern, weshalb sich hier auf engstem Raum Bauwerke aus allen Epochen der persischen Geschichte aneinanderdrängen – Moscheen, Koranschulen und Bibliotheken.

Früher befanden sich Hunderte winziger Basarläden im Umkreis des Heiligen Bezirks, die jedoch in den 70er Jahren bei einer Sanierung abgerissen und durch einen breiten Grüngürtel ersetzt wurden. Auf ihm versammeln sich heute die Pilgerscharen, bevor sie in das Heiligtum strömen, um das Grab des Imams durch die Stäbe des silbernen Gitters hindurch mit den Fingerspitzen zu berühren oder doch wenigstens einen kurzen Blick darauf zu werfen. Für Nichtmoslems ist das Betreten des Heiligen Bezirks strengstens untersagt, doch der Besuch von Meschhed ist selbstverständlich auch ohne eine Besichtigung des Imam-Resa-Heiligtums überaus lohnend.

Karten, Fakten, Zahlen

Türkei

Fläche: 779 452 km²
Einwohner: 56,27 Mio.
Hauptstadt: Ankara, 2,85 Mio. Einw.
Bedeutende andere Städte: Istanbul, 5,49 Mio. Einw.; Izmir, 1,49 Mio. Einw.; Konya, 440 000 Einw.; Bursa, 614 000 Einw.; Samsun, 280 000 Einw.
Staatsform: Parlamentarische Republik
Währung: 1 Türk. Pfund (Lira) = 100 Kurus
Bevölkerung: Türken 90 %, Kurden 7 %, Araber, Armenier, Griechen
Sprache: Türkisch; im Südosten des Landes auch Kurdisch und Arabisch
Religion: über 98 % Moslems; kleine christliche und jüdische Minderheiten
Klima: Im Landesinnern kontinentales Klima mit sehr heißen Sommern und kalten Wintern; an der Süd- und Westküste Mittelmeerklima, am Schwarzen Meer subtropisch-feucht. Durchschn. Temp. in Ankara im Jan. 0 °C, im Aug. 23 °C
Bodenschätze: Eisenerz, Kupfer, Chrom, Zink, Mangan, Bauxit, Kohle, Erdöl
Hauptexportgüter: Bekleidung, Baumwolle, Teppiche, Tabak, Getreide, Obst, Viehzuchtprodukte, Chrom
Pro-Kopf-Einkommen ($ im Jahr): 1130
Bevölkerungswachstum (% im Jahr): 2,4
Lebenserwartung: Männer 60, Frauen 65

Syrien

Fläche: 185 180 km²
Einwohner: 12,53 Mio.
Hauptstadt: Damaskus, 1,3 Mio. Einw.
Bedeutende andere Städte: Aleppo, 1,2 Mio. Einw.; Homs, 355 000 Einw.; Hama, 177 000 Einw.
Staatsform: Präsidiale Republik unter starkem Einfluß des Militärs
Währung: 1 Syr. Pfund = 100 Piastres

Bevölkerung: Syrische Araber 90 %, Kurden 6 %, Armenier; etwa 1–2 % der Einwohner leben noch als Nomaden
Sprache: Arabisch (Staatssprache), Kurdisch, Armenisch
Religion: Moslems 89,6 %, Christen (vor allem Orthodoxe) 8,8 %, Drusen 1,4 %, kleine jüdische Minderheit
Klima: Subtropisches Winterregenklima. Durchschn. Temp. in Damaskus im Jan. 7 °C, im Aug. 28 °C
Bodenschätze: Erdöl, Erdgas, Phosphat, Salz, Asphalt, Gips
Hauptexportgüter: Erdöl und -produkte, Baumwolle, Viehzuchtprodukte, Gemüse, Früchte, Textilien
Pro-Kopf-Einkommen ($ im Jahr): 1630
Bevölkerungswachstum (% im Jahr): 3,6
Lebenserwartung: Männer 63, Frauen 67

Libanon

Fläche: 10 400 km²
Einwohner: 3,3 Mio.
Hauptstadt: Beirut, 702 000 Einw.

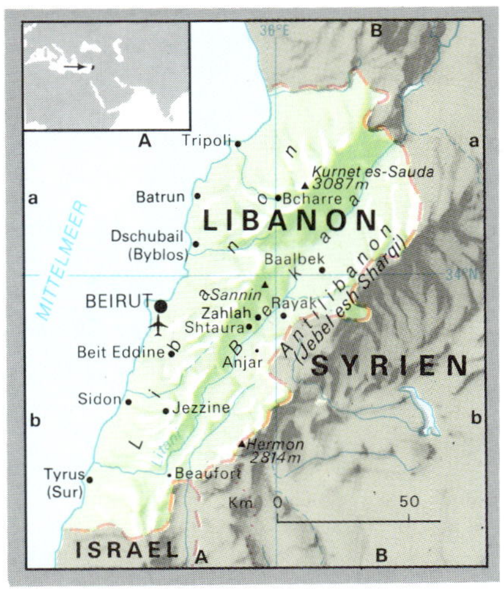

Bedeutende andere Städte: Tripoli, 175 000 Einw.; Sidon, 24 700 Einw.
Staatsform: Parlamentarische Republik
Währung: 1 Lib. Pfund = 100 Piastres
Bevölkerung: Libanesische Araber, etwa 220 000 palästinensische Flüchtlinge
Sprache: Arabisch; Englisch und Französisch als Handels-, Verkehrs- und Bildungssprachen

Religion: Moslems 56,7 %, Christen (vorwiegend Maroniten) 36,6 %
Klima: Subtropisches Winterregenklima. Durchschn. Temp. in Beirut im Jan. 13,5 °C, im Aug. 27,5 °C
Bodenschätze: Kalkstein
Hauptexportgüter: Obst, Gemüse, Olivenöl, Textilien, Wolle; außerdem illegaler Export von Opium und Haschisch
Pro-Kopf-Einkommen ($ im Jahr): 1900
Bevölkerungswachstum (% im Jahr): 0,2
Lebenserwartung: Männer 65, Frauen 69

Israel

Fläche: 20 770 km² (ohne besetzte Gebiete)
Einwohner: 4,82 Mio.
Hauptstadt: Jerusalem, 482 000 Einw.
Bedeutende andere Städte: Tel Aviv-Jaffa, 390 000 Einw.; Haifa, 245 000 Einw.
Staatsform: Parlamentarische Republik
Währung: 1 Neuer Isr. Schekel = 100 Agorot
Bevölkerung: Juden 82 %, Araber und Drusen 18 %; von der jüdischen Bevölkerung sind etwa 38 % im Ausland geboren
Sprache: Neu-Hebräisch; Arabisch; Englisch
Religion: Juden 82,2 %, Moslems 13,8 %, Christen 2,3 %, Drusen und andere religiöse Minderheiten 1,7 %
Klima: Im Norden Mittelmeerklima, im Süden Wüstenklima. Durchschn. Temp. in Jerusalem im Jan. 9 °C, im Juli 24 °C
Bodenschätze: Phosphat, Pottasche, Brom, Erdöl, Kupfer, Gips, Schwefel
Hauptexportgüter: Maschinen, elektronische Geräte, Waffen, Diamanten, Zitrusfrüchte, Gemüse
Pro-Kopf-Einkommen ($ im Jahr): 4920
Bevölkerungswachstum (% im Jahr): 1,8
Lebenserwartung: Männer 73, Frauen 76

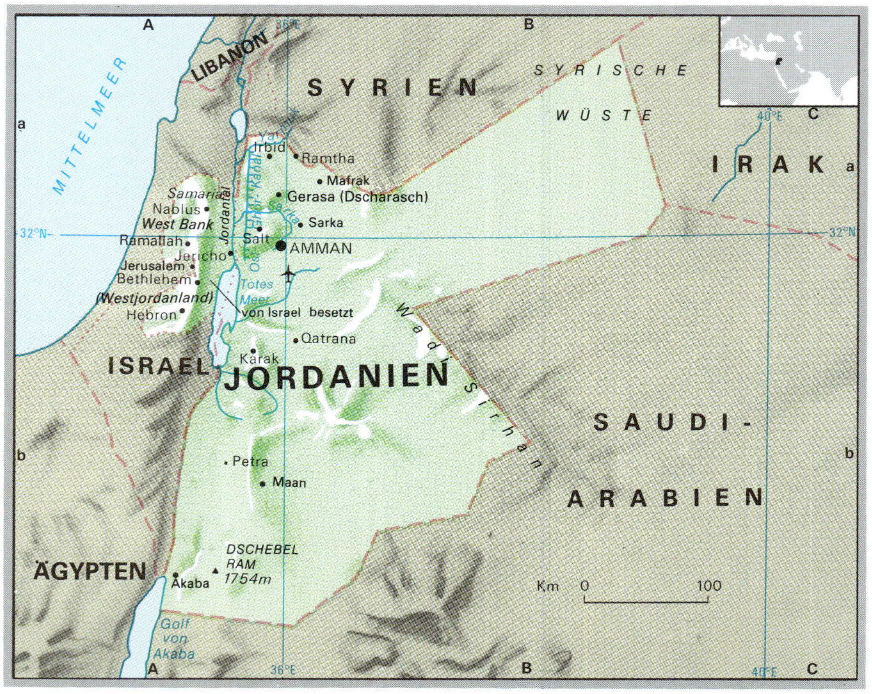

Jordanien

Fläche: 89 206 km² (ohne West Bank)
Einwohner: 3,15 Mio.
Hauptstadt: Amman, 972 000 Einw.
Bedeutende andere Städte: Sarka, 392 220 Einw.; Nablus, 64 000 Einw.
Staatsform: Konstitutionelle Monarchie
Währung: 1 Jordan-Dinar = 1000 Fils
Bevölkerung: Jordanische Araber; palästinensische Flüchtlinge, Tscherkessen
Sprache: Arabisch; Englisch als Handels-, Verkehrs- und Bildungssprache
Religion: Moslems 96 %; christliche Minderheiten verschiedener Konfessionen
Klima: Steppen- und Wüstenklima. Durchschn. Temp. in Amman im Jan. 8 °C, im Juli 25 °C
Bodenschätze: Phosphate, Kalisalze
Hauptexportgüter: Phosphat, Pottasche, Zement, Vieh, Obst, Gemüse, Tabak
Pro-Kopf-Einkommen ($ im Jahr): 1560
Bevölkerungswachstum (% im Jahr): 3,7
Lebenserwartung: Männer 60, Frauen 64

Jemen

Fläche: 527 968 km²
Einwohner: 11,61 Mio.
Hauptstadt: Sanaa, 427 000 Einw.
Bedeutende andere Städte: Aden, 250 000 Einw.; Tais, 220 000 Einw.; Hodeida, 128 000 Einw.; Muhalla, 150 000 Einw.
Staatsform: Republik mit Militärregierung
Währung: 1 Jemen-Rial = 100 Fils
Bevölkerung: Jemeniten, Südaraber, Ismaeliter (nordarabische Stämme), Afrikaner
Sprache: Arabisch
Religion: Moslems 90 %, Minderheiten
Klima: Überwiegend tropisches Wüsten- und Halbwüstenklima. Durchschn. Temp. in Sanaa im Jan. 14 °C, im Juli 22 °C
Bodenschätze: Gold, Silber, Eisen, Blei, Magnesium, Schwefel, Erdöl
Hauptexportgüter: Erdölprodukte, Häute, Felle, Baumwolle, Kaffee, Kath
Pro-Kopf-Einkommen ($ im Jahr): 520
Bevölkerungswachstum (% im Jahr): 3,1
Lebenserwartung: Männer 43, Frauen 45

Saudi-Arabien

Fläche: 2,15 Mio. km²
Einwohner: 14,9 Mio.
Hauptstadt: Riad, 1,3 Mio. Einw.
Bedeutende andere Städte: Dschidda, 1,4 Mio. Einw.; Mekka, 550000 Einw.; Medina, 290000 Einw.
Staatsform: Absolute Monarchie auf islamischer Grundlage
Währung: 1 Saudi-Riyal = 100 Hallalas
Bevölkerung: Saudi-Araber; etwa 3 Mio. Ausländer
Sprache: Arabisch; Englisch als Handels-, Verkehrs- und Bildungssprache
Religion: Moslems (Sunniten 85 %, Schiiten 15 %)
Klima: Subtropisch-tropisches Wüstenklima. Durchschn. Temp. in Riad im Jan. 14,5 °C, im Juli 33,5 °C
Bodenschätze: Erdöl, Erdgas, Eisen, Kupfer, Phosphat, Salz
Hauptexportgüter: Erdöl (größter Rohölexporteur der Welt), Erdgas, Erdölprodukte, Datteln, Häute, Felle, Wolle
Pro-Kopf-Einkommen ($ im Jahr): 8860
Bevölkerungswachstum (% im Jahr): 4,7
Lebenserwartung: Männer 55, Frauen 58

Bahrain

Fläche: 685 km²
Einwohner: 504000
Hauptstadt: Manama, 122000 Einw.
Staatsform: Emirat
Währung: 1 Bahrain-Dinar = 1000 Fils
Bevölkerung: Araber 75 %, Inder 16 %, Perser 9 %, Pakistani 5 %, Europäer 2 %
Sprache: Arabisch (Staatssprache); Englisch als Handels-, Verkehrs- und Bildungssprache
Religion: Moslems 91 %, Christen 4 %, Hindus 4 %
Klima: Wüstenklima, wegen der Insellage hohe Luftfeuchtigkeit; Tagestemp. im Sommer über 40 °C, im Winter um 25 °C
Bodenschätze: Erdöl, Erdgas
Hauptexportgüter: Erdöl und -produkte, Aluminiumprodukte
Pro-Kopf-Einkommen ($ im Jahr): 9560
Bevölkerungswachstum (% im Jahr): 4,1
Lebenserwartung: Männer 66, Frauen 70

Irak

Fläche: 434924 km²
Einwohner: 18,91 Mio.
Hauptstadt: Bagdad, 3,84 Mio. Einw.
Bedeutende andere Städte: Basra, 617000 Einw.; Mosul, 570000 Einw.; Kirkuk, 535000 Einw.; An Nadschaf, 243000 Einw.
Staatsform: Präsidiale Republik mit Einparteiensystem
Währung: 1 Dinar = 1000 Fils
Bevölkerung: Araber 76 %, Kurden 19 %, Türken 2 %, Perser, Chaldäer
Sprache: Arabisch; im Norden auch Kurdisch, Türkisch und Persisch
Religion: Moslems (53,5 % Schiiten, 42,3 % Sunniten), Christen 3,5 % (u. a. chaldäische Kirche), Jesiden
Klima: Subtropisches Wüsten- und Steppenklima, nur in Mesopotamien und in den Gebirgen höhere Niederschläge. Durchschn. Temp. in Bagdad im Jan. 10 °C, im Juli 34 °C
Bodenschätze: Erdöl, Erdgas, Schwefel, Phosphat, Kupfer
Hauptexportgüter: Erdöl (Wertanteil über 95 %), Datteln, Baumwolle, Viehprodukte, Zement
Pro-Kopf-Einkommen ($ im Jahr): 1800
Bevölkerungswachstum (% im Jahr): 3,6
Lebenserwartung: Männer 56, Frauen 59

Iran

Fläche: 1,65 Mio. km^2
Einwohner: 56,92 Mio.
Hauptstadt: Teheran, 6,04 Mio. Einw.
Bedeutende andere Städte: Meschhed, 1,5 Mio. Einw.; Isfahan, 988 000 Einw.; Täbris, 971 000 Einw.; Schiras, 850 000 Einw.; Bakhtaran, 560 000 Einw.; Rascht, 290 000 Einw.
Staatsform: Islamische Republik
Währung: 1 Rial = 100 Dinar
Bevölkerung: Perser 65 %, Aserbaidschaner 20 %, Kurden 8 %, Araber 2 %, Armenier, Turkmenen, Belutschen, Luren, Gilaner, Masandaraner, Juden
Sprache: Persisch; Türkisch, Kurdisch, Arabisch, Belutschi
Religion: Moslems (93 % Schiiten), christliche und jüdische Minderheiten, altpersische Religionen, Bahai
Klima: überwiegend subtropisches Steppen- und Wüstenklima; nur am Kaspischen Meer ganzjährig feucht. Durchschn. Temp. in Teheran im Jan. 2 °C, im Juli 30 °C
Bodenschätze: Erdöl, Erdgas, Eisenerz, Kupfer, Chrom, Zink, Blei
Hauptexportgüter: Erdöl und -produkte, Baumwolle, Teppiche, Felle, Leder, Trokkenfrüchte, Reis, Ölsaaten, Erze
Pro-Kopf-Einkommen ($ im Jahr): 2000
Bevölkerungswachstum (% im Jahr): 3,6
Lebenserwartung: Männer 58, Frauen 58

Katar

Fläche: 11 437 km^2
Einwohner: 439 000
Hauptstadt: Doha, 217 000 Einw.
Staatsform: Absolute Monarchie
Währung: 1 Katar-Riyal = 100 Dirham
Bevölkerung: Araber 56 %, Perser 23 %, Pakistani 7 %; der Ausländeranteil beträgt etwa 70 %
Sprache: Arabisch (Staatssprache); Persisch, Englisch
Religion: Moslems (Sunniten) 92,4 %, Christen 5,9 %
Klima: Subtropisches Wüstenklima mit hoher Luftfeuchtigkeit. Durchschn. Temp. im Jan. 19 °C, im Juli 33 °C
Bodenschätze: Erdöl, Erdgas, Kalkstein
Hauptexportgut: Erdöl
Pro-Kopf-Einkommen ($ im Jahr): 15 980
Bevölkerungswachstum (% im Jahr): 4,8
Lebenserwartung: Männer 68, Frauen 73

Kuwait

Fläche: 17 818 km^2
Einwohner: 2,14 Mio.
Hauptstadt: Kuwait, 168 000 Mio. Einw.
Staatsform: Emirat

Währung: 1 Kuwait-Dinar = 1000 Fils
Bevölkerung: Araber (davon 40 % kuwaitische Staatsbürger); Ägypter, Iraker, Perser, Inder, Pakistani
Sprache: Arabisch (Staatssprache); Englisch als Handels-, Verkehrs- und Bildungssprache
Religion: Moslems (Sunniten 70 %, Schiiten 30 %) 91,5 %, Christen 6,4 %
Klima: Subtropisches Wüstenklima mit hoher Luftfeuchtigkeit. Durchschn. Temp. im Jan. 13 °C, im Juli 35 °C
Bodenschätze: Erdöl, Erdgas
Hauptexportgüter: Erdöl und -produkte, Erdgas, Chemikalien
Pro-Kopf-Einkommen ($ im Jahr): 14 270

Bevölkerungswachstum (% im Jahr): 4,4
Lebenserwartung: Männer 68, Frauen 73

Vereinigte Arabische Emirate

Fläche: 83 600 km^2
Einwohner: 1,59 Mio.
Hauptstadt: Abu Dhabi, 380 000 Einw.
Bedeutende andere Städte: Dubai, 266 000 Einw.; Schardscha, 126 000 Einw.; Al Ain, 103 000 Einw.
Staatsform: Föderation aus sieben Emiraten
Währung: 1 Dirham = 100 Fils
Bevölkerung: Araber; mehr als 55 % Ausländer, darunter Perser, Inder, Pakistani, Ägypter, Jemeniten
Sprache: Arabisch (Staatssprache); Hindi, Urdu, Persisch; Englisch als Handels-, Verkehrs- und Bildungssprache
Religion: Moslems (überwiegend Sunniten) 94,9 %, Christen 3,8 %
Klima: Subtropisches Wüstenklima mit an der Küste hoher Luftfeuchtigkeit. Durchschn. Temp. in Schardscha im Jan. 18 °C, im Aug. 34 °C
Bodenschätze: Erdöl, Erdgas
Hauptexportgüter: Erdöl (Wertanteil über 90 %), Erdgas (Flüssiggas), Datteln, Vieh
Pro-Kopf-Einkommen ($ im Jahr): 14 270
Bevölkerungswachstum (% im Jahr): 4,3
Lebenserwartung: Männer 61, Frauen 65

Oman

Fläche: 212 457 km^2
Einwohner: 1,55 Mio.
Hauptstadt: Maskat, 50 000 Einw.
Staatsform: Sultanat
Währung: 1 Rial Omani = 100 Baizas

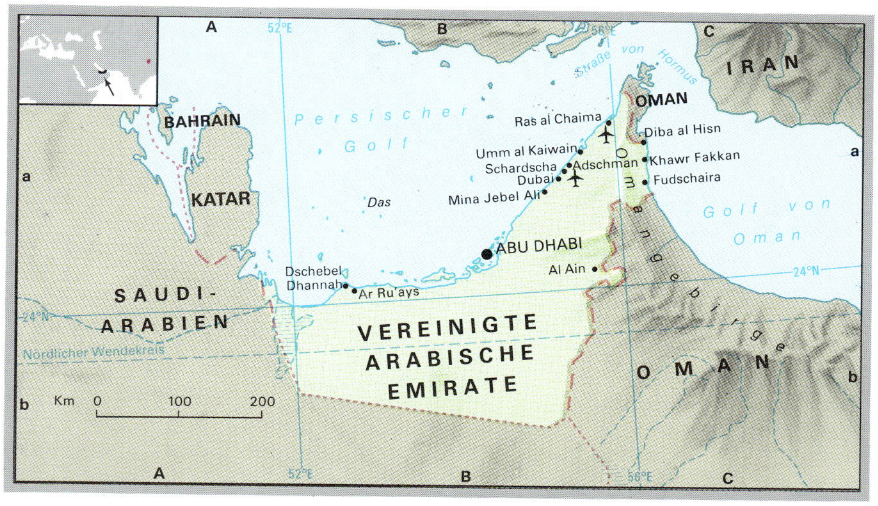

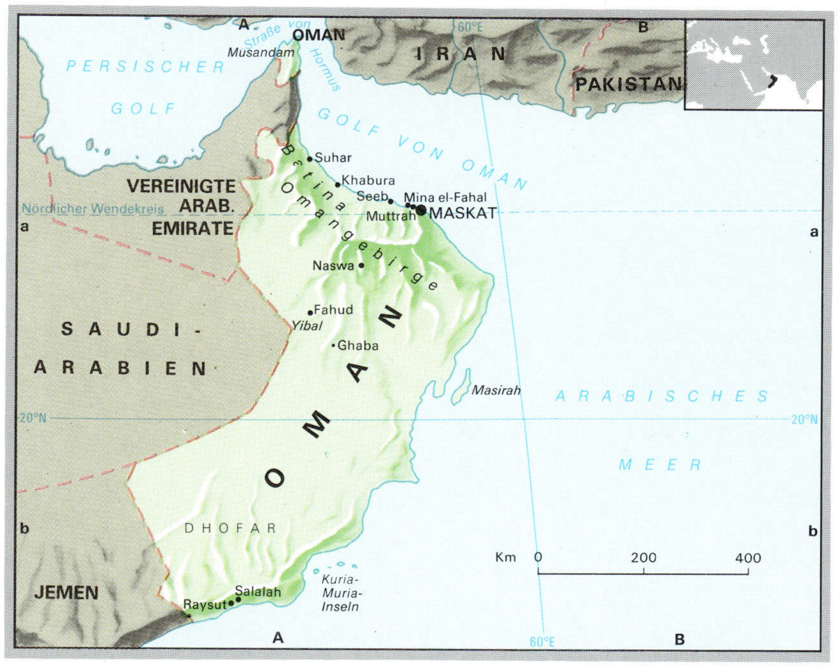

Bevölkerung: Araber 88 %, Inder, Pakistani, Perser, Belutschen, Afrikaner
Sprache: Arabisch (Staatssprache); Persisch, Urdu
Religion: Moslems 86 %, Hindus 13 %
Klima: Subtropisches Wüstenklima mit geringem Winterregen. Durchschn. Temp. in Maskat im Jan. 22 °C, im Juni 34 °C
Bodenschätze: Erdöl, Erdgas
Hauptexportgüter: Erdöl (Wertanteil 99 %), Datteln, Zitrusfrüchte, Dörrfisch, Häute, Felle, Perlen
Pro-Kopf-Einkommen ($ im Jahr): 7080
Bevölkerungswachstum (% im Jahr): 4,7
Lebenserwartung: Männer 49, Frauen 51

Bildnachweis

(l. = links; o. l. = oben links; u. l. = unten links; r. = rechts; o. r. = oben rechts; u. r. = unten rechts; o. = oben; M. = Mitte; u. = unten)

Umschlagvorderseite:
o.: Damm/Zefa; u.: Koch/Rapho
Innenteil:
6 o.: F. Kohler; 6 M.: Michaud/Rapho; 6 u.: C. Lénars; 7 o.: Riboud/Magnum; 7 u.: Jalain/Top; 8 o.: Guido Alberto Rossi/The Image Bank; 8 M.: C. Kutschera; 8 u.: G. Papigny; 9: Michaud/Rapho; 10, 11: M. Levassort; 12 o.: Sipahioglu/Sipa Press; 12 u.: Michaud/Rapho; 12/13: Loirat/C. D. Tétrel; 14 o.: Michaud/Rapho; 14 u.: Michaud/Rapho; 14/15: Alpay/Sipa Press; 15: Meyer/Explorer; 16 o.: Michaud/Rapho; 16 u.: Gelenbevi/Rapho; 16/17: Guido Alberto Rossi/The Image Bank; 18/19: Michaud/Rapho; 20 o. l.: C. Lénars; 20 o. r.: Putelat/Top; 20 u.: M. Levassort; 20/21: M. Levassort; 22/23: M.-L. Maylin; 23 o.: Sipa Press; 23 u.: Zimmermann/C.D.M.O.; 24 o.: Michaud/Rapho; 24 u.: G. Sipahioglu/Sipa Press; 24/25: Loirat/C. D. Tétrel; 26 o.: M. Levassort; 26 u.: Delaborde/Explorer; 27 o.: Loirat/C. D. Tétrel; 27 u.: M. Levassort; 28: Michaud/Rapho; 28/29: Rivière/Top; 29: M. Levassort; 30: Michaud/Rapho; 30/31: R. Thuillier; 31: Michaud/Rapho; 32 o.: Weisbecker/Explorer; 32 u.: Putelat/Top; 32/33 o.: Boujard; 32/33 u.: Weisbecker/Explorer; 34 o.: Alpay/Sipa Press; 34 u.: M. Levassort; 35: Michaud/Rapho; 36/37: Everts/Rapho; 38 o.: Weisbecker/Explorer; 38 u.: Michaud/Rapho; 38/39: Michaud/Rapho; 40 o.: Boulat/Sipa Press; 40 u.: Michaud/Rapho; 40/41, 42, 43: Michaud/Rapho; 44 o.: Michaud/Rapho; 44 u.: M. L. Maylin; 44/45, 46: Michaud/Rapho; 47: F. Bouillot/Marco-Polo; 48, 48/49: Michaud/Rapho; 50 o.: Koch/Rapho; 50 u.: Bouillot/Marco-Polo; 51: Chabrier/Atlas-Photo; 52 o.: J. Guillard/Top; 52 u.: Bouillot/Marco-Polo; 52/53: O. Wertheimer; 54 o.: A. Robillard; 54 u.: Koch/Rapho; 55: Koch/Rapho; 56 l.: Pictor-Aarons; 56 r.: Koch/Rapho; 57 o.: Wheeler/Sipa Press; 57 u.: Ducange/Top; 58: F. Kohler; 59: Wheeler/Sipa Press; 60 o.: Jalain/Top; 60 u.: Jalain/Top; 60/61: Picou/A.A.A. Photo; 62 o.: Jalain/Top; 62 u.: Tourisme libanais; 63: Serraillier/Rapho; 64 o.: Leridon/Gamma; 64 u.: Barbey/Magnum; 65: Lessing/Magnum; 66/67: M. Déribéré; 67, 68: Jalain/Top (3); 69: Picou/Fotogram; 70: Loirat/C. D. Tétrel; 71: J. Bottin; 72: Vautier/de Nanxe; 72/73: Loirat/ C. D. Tétrel; 74 o.: Loirat/C. D. Tétrel; 74 u.: Goldman/Rapho; 75: Loirat/C. D. Tétrel; 76: Gerster/Rapho; 77: Goldman/Rapho; 78/79: J.-P. Ferrero; 80 l.: Loirat/C. D. Tétrel; 80 r.: Travert/C. D. Tétrel; 81 o.: J.-P. Ferrero; 81 u.: Wheeler/Sipa Press; 82: M. Levassort; 83: Rachet/Explorer; 84 l.: Rachet/Explorer; 84 r.: C. Isy-Schwart/The Image Bank; 85: Seidenberger/IFA-Bilderteam; 86: Harbutt/Magnum; 87: Rodger/Magnum; 88: Durou/Jaffre; 89: Bonnenfant/Fotogram; 90: Lafargue/Gamma; 90/91: Sipa Press; 92: Duroy/Rapho; 93: Lafargue/Gamma; 94: Sipa Press; 95: Gerster/Rapho; 96 l.: Weisbecker/Explorer; 96 r.: Gerster/Rapho; 97, 98/99: P. Maréchaux; 100: Weisbecker/Explorer; 100/101: Brun/Explorer; 102 o.: P. Maréchaux; 102 u.: Dieste/Explorer; 103: M.-F. de Labrouhe; 104: Saint-Hilaire/Atlas-Photo; 105: Karl-Heinz Bochow; 106: Richter/Fotogram; 106/107: C. Kutschera; 108: M. Déribéré; 109: Morath/Magnum; 110: C. Kutschera; 110/111: J.-C. Chabrier; 112 o.: J.-C. Chabrier; 112 u.: C. Lénars; 113: C. Kutschera; 114: C. Lénars; 115: C. Kutschera; 116 o.: C. Lénars; 116 u.: C. Lénars; 116/117: C. Kutschera; 118/119: Rachet/Explorer; 120 o.: Vuillomenet/Rapho; 120 u.: A. Robillard; 121: Riboud/Magnum; 122/123: C. Lénars; 123: A. Robillard; 124 o.: J.-C. Chabrier; 124 u.: C. Kutschera; 125: E. Chabrier; 126 o.: Vuillomenet/Rapho; 126 u.: J.-C. Chabrier; 127: J.-C. Chabrier; 128: B & W/HELGA LADE FOTOAGENTUR; 129: Fiedler/IFA-Bilderteam; 130 o.: Hayaux du Tilly/Rapho; 130 u.: G. Papigny; 131: G. Papigny; 132 o.: Loirat/C. D. Tétrel; 132 u.: G. Papigny; 133: G. Papigny; 134 o.: de Seynes/Rapho; 134 u.: Desjardins/Top; 135: Barbey/Magnum; 136 o.: Gerster/Rapho; 136 u.: M. Fouteau; 137 l.: S. Held; 137 r.: Vuillomenet/Rapho; 138: M. Fouteau; 139: Michaud/Rapho; 140 o. l.: Riboud/Magnum; 140 o. r.: Loirat/C. D. Tétrel; 140 u.: G. Papigny; 141: Michaud/Rapho; 142 o.: Boizot/Explorer; 142 u.: Barbey/Magnum; 143 l.: G. Papigny; 143 r.: M. Levassort; 144, 145: G. Papigny; 146 o.: Michaud/Rapho; 146 u.: G. Papigny; Karten 147–151 Reader's Digest.